JOÃO LEÃO DEHON

O profeta do verbo ir

- *Antônio: palavras de fogo, vida de luz* – Madeline Pecora Nugent
- *Camilo de Lellis – "Mais coração nas mãos!"* – Mario Spinelli
- *Charles de Foucauld: o Irmãozinho de Jesus* – Jean-François Six
- *Irmã Dulce: o anjo bom da Bahia* – Gaetano Passarelli
- *João Leão Dehon: o profeta do verbo ir* – Pe. Zezinho, scj
- *João Paulo II: um Papa que não morre* – Gian Franco Svidercoschi
- *Paulo: apóstolo dos gentios* – Rinaldo Fabris
- *Rita de Cássia: a santa dos casos impossíveis* – Franco Cuomo
- *Santa Mônica: modelo de vida familiar* – Giovanni Falbo
- *Teresa de Ávila: mística e andarilha de Deus* – Bernard Sesé
- *Teresa de Calcutá: uma mística entre o Oriente e o Ocidente* – Gloria Germani

**José Fernandes de Oliveira
Pe. Zezinho, scj**

JOÃO LEÃO DEHON
O profeta do verbo ir

Dados Internacionais de Catalogação na Publicação (CIP)
(Câmara Brasileira do Livro, SP, Brasil)

Zezinho, Padre
    João Leão Dehon : o profeta do verbo ir / Padre
Zezinho. – 1. ed. – São Paulo : Paulinas, 2011. -- (Coleção
luz do mundo)

    ISBN 978-85-356-2833-3

1. Dehon, João Leão, 1843-1925   2. Sacerdotes - França
- Biografia   I. Título.   II. Série.

11-05781   CDD-922.2

Índice para catálogo sistemático:

1. França : Padres Católicos : Biografia e obra   922.2

Direção-geral: *Bernadete Boff*
Editora responsável: *Andréia Schweitzer*
Copidesque: *Mônica Elaine G. S. da Costa*
Coordenação de revisão: *Marina Mendonça*
Revisão: *Sandra Sinzato*
Assistente de arte: *Sandra Braga*
Gerente de produção: *Felício Calegaro Neto*
Capa e diagramação: *Manuel Rebelato Miramontes*

1ª edição – 2011

Nenhuma parte desta obra poderá ser reproduzida ou transmitida
por qualquer forma e/ou quaisquer meios (eletrônico ou mecânico,
incluindo fotocópia e gravação) ou arquivada em qualquer sistema de
banco de dados sem permissão escrita da Editora. Direitos reservados.

Paulinas
Rua Dona Inácia Uchoa, 62
04110-020 — São Paulo — SP (Brasil)
Tel.: (11) 2125-3500
http://www.paulinas.org.br
editora@paulinas.com.br
Telemarketing e SAC: 0800-7010081
© Pia Sociedade Filhas de São Paulo — São Paulo, 2011

Segundo nossa ótica de cristãos,
ninguém melhor do que Jesus conjugou
os verbos *vir* e *ir*. Sem eles, o amor não acontece.
Há que haver *kênosis*.
Veio do Pai, disse que iria para ele,
foi ao Pai afirmando que viria de novo.
Enquanto aqui esteve, começou com um
sereno "vinde e vede" sua missão
de ensinar os riscos deste verbo missionário.
Foi ao povo (Mt 15,32),
ofereceu-se para ir à casa de um pagão (Lc 19,5),
foi à casa de alguns rejeitados (Lc 19,5; Mc 1,30),
visitou os enfermos e alguns líderes fariseus (Mc 5,41; Lc 7,36),
foi a Betânia (Jo 11,1-18), foi lá onde alguém sofria
e ensinou os discípulos a ir, a anunciar,
e concluiu sua missão com um solene
"Ide pelo mundo" (Mt 28,19).

Verbo eminentemente evangelizador,
ele tem os seus percalços. Ao encarnar esta
mística de "ir ao povo", João Leão Dehon
mostrou a profundidade da sua fé.
Sentiu na alma e experimentou, como poucos,
as consequências deste verbo. Por isso, não hesitamos
em chamá-lo de *profeta do verbo ir*!
O Reino de Deus não o encontrou
sentado e à sua espera!

Pe. Zezinho, scj

Agradecimentos a
Pe. Paulo Hülse, scj,
que me sugeriu esta obra.

Pe. Rafael Gonçalves da Costa, scj,
pelo acesso aos arquivos em Roma.

Pe. João Carlos Almeida, scj,
por seus livros substanciosos.

Ir. Valdemar E. Scramin, pelos símbolos.

Aos irmãos de Congregação
que me antecederam com suas obras,
e cujos livros me ajudaram
a escrever também este.

SUMÁRIO

PALAVRA DO PROVINCIAL 11
APRESENTANDO... 13
RECADO PRIMEIRO 17

CAPÍTULO 1 – Procura-se um profeta 19
CAPÍTULO 2 – A questão que mete medo 33
CAPÍTULO 3 – Tirar alguém da cruz 41
CAPÍTULO 4 – Saber por que se vai 51
CAPÍTULO 5 – Saber perder, saber vencer 63
CAPÍTULO 6 – Crucificado pela mídia 79
CAPÍTULO 7 – Profeta foi, profeta é 93
CAPÍTULO 8 – Em dia com o magistério 115
CAPÍTULO 9 – Vetado e proibido 121
CAPÍTULO 10 – Olhou para o seu tempo 139
CAPÍTULO 11 – A dor que dói nos pobres 157
CAPÍTULO 12 – Leão que às vezes rugia 177
CAPÍTULO 13 – Amar às vezes dói 189
CAPÍTULO 14 – O Padre da paz inquieta 195

APÊNDICE – Aprendi com Leão Dehon 203
BIBLIOGRAFIA 211

PALAVRA DO PROVINCIAL

A vida sem ir, não se torna caminho... Vale pelo que dela fazemos e pelo jeito com que a trilhamos, pelas fontes nas quais nos inspiramos e pelo destino que lhe damos; também pelo amor que nela investimos e pelas pessoas com quem a partilhamos.

Penso ter sido isso que qualificou a vida de Padre Dehon. Sei ser isto o que levou Pe. Zezinho a torná-lo próximo e atual. É evidente que a qualidade e o jeito com que Pe. Zezinho descobriu e nos faz apreciar Padre Dehon, o profeta do verbo ir, dispensaria anterior ou ulterior apresentação. Valho-me, porém, da oportunidade para dizer da admiração pela magnífica vida de Padre Dehon aqui retratada. Expresso gratidão pela originalidade com que Pe. Zezinho o dá a conhecer.

Intensamente contemplativo, Padre Dehon é reconhecidamente ativo. A profundidade mística não diminui, antes, lhe qualifica a ousadia profética. Por isso mesmo, ao místico que "permanece" no Coração de Jesus, corresponde o profeta que "vai" em nome do Bom Pastor Jesus. O místico extasiado é, também, o profeta entusiasmado. A dupla dimensão, contemplativa e ativa, a que Jesus deu expressão perfeita, em Padre Dehon tem imitação benfeita.

O dehoniano Pe. Zezinho sabe combinar, dehonianamente, contemplatividade e atividade. Certamente é isso que o torna capaz de individuar e apresentar o tema com muita propriedade. Desde os anos 1970, ouço falar de Padre Dehon.

Já são, pelo menos, três décadas em que Pe. Zezinho, por suas canções e seus escritos, está entre os que mais e melhor o fazem presente no cenário católico.

Sem dúvida, o livro de Pe. Zezinho é altamente recomendado aos leitores que procuram dar vida à sua fé e eficácia ao seu amor. Contudo, não receio exagerar ao recomendá-lo, encarecidamente, aos evangelizadores em geral e aos dehonianos em particular. Seja o autor recompensado e os leitores abençoados!

Pe. Mariano Weizenmann, scj

APRESENTANDO...

O mapa da alma

Existem várias formas de escrever sobre a vida de algum personagem importante. Uma delas é descrever o mapa do tempo ou dos lugares onde esta pessoa viveu. Ainda não existe uma biografia crítica da vida de Léon Dehon. Seria um ótimo desafio para algum historiador profissional.

Outra maneira é escrever a história do personagem mostrando suas virtudes. No caso dos santos da Igreja Católica, chamamos a estes relatos de "hagiografia". Há várias biografias hagiográficas de Dehon. Todas, porém, têm a mesma fonte: as memórias e o diário escritos pelo próprio Dehon.

Pe. Zezinho não quis escrever uma biografia crítica, nem mesmo elaborar uma hagiografia de Dehon. Ele mirou em um desafio que, a princípio, achei arriscado demais: descrever o mapa da alma deste "profeta do verbo ir". É arriscado porque podemos projetar na pessoa nossas próprias ideias e anseios.

Li atentamente cada linha com olhos de águia, como convém a todo "João". Dehon era, de nome, "Leão" pelo batismo e escolheu ser "João", quando professou os votos religiosos na congregação que fundara. Sabemos que a águia é o símbolo do Evangelho de João. Dehon sabia disso. Escolheu um nome sugestivo para o informativo do Colégio São João, que fundou em 1877 no norte da França: "Águia do São João".

Meus olhos aquilinos foram qualificados pelos longos anos de estudos que dediquei ao pensamento espiritual e educacional de Leão Dehon, em duas teses de doutorado. Durante a pesquisa houve momentos de lágrimas por não conseguir entrar na mente e no coração de um francês do século XIX. Outros tempos... outra Igreja... outra sociedade... outra língua... outra cultura! Hoje me sinto muito próximo desta pessoa que imagino conhecer como um amigo que faz parte de minha vida.

Tenho certeza de que Dehon ficaria muito satisfeito por ler as reflexões do Pe. Zezinho. Provavelmente diria em tom de fino humor francês: "Você conseguiu escrever um livro sobre a pessoa de Jesus usando minha vida como seta indicadora. Obrigado! Foi esta a minha única intenção em tudo o que fiz: apontar para o Coração de Cristo!".

Pe. Zezinho não é teólogo profissional, mas lê teologia intensamente. Sou testemunha disso. Não é historiador de diploma na parede, mas está sempre atento ao que os grandes historiadores escrevem. Na minha opinião, Pe. Zezinho é catequista de primeira grandeza. Como ele mesmo afirma no livro, é um contador de histórias. Com seu inconfundível estilo tudo ganha sabor recheado de saber.

Há um milagre nestas páginas. Dehon reaparece vivo e atual. O autor situa-o na Igreja e na sociedade de hoje. Apesar disso, é o velho Dehon que aprendi a conhecer em meus estudos acadêmicos. Em alguns momentos o "profeta do verbo ir" quase desaparece, dando o palco para o verdadeiro protagonista da história, o inquieto Jesus de Nazaré.

Na qualidade de diretor-geral da Faculdade Dehoniana, em Taubaté, fico feliz em apresentar este novo livro sobre o patrono de nossa Instituição de Ensino Superior. Temos até um Centro de Estudos Léon Dehon (CELDE), dedicado ao estudo e à divulgação da Doutrina Social da Igreja. A visão de Dehon continua nos movendo. Ele soube rimar razão com coração; teoria com prática; amor com humor; pessoal com social; mística com militância; espiritualidade com solidariedade. Sua pedagogia construtivista sabia escutar mais do que falar, pesquisar mais do que escrever. Dehon era um hábil perguntador. Seus alunos mantiveram o encanto por toda a vida e tornaram-se os herdeiros do colégio que fundou.

Pouca gente sabe, mas antes de fundar a Congregação dos Padres do Sagrado Coração de Jesus, Dehon tinha em mente fundar outra obra: uma Congregação de Estudos. Não o fez por conselho do seu diretor espiritual. Ouviu e obedeceu. Somente vinte anos mais tarde, quando já havia fundado a congregação voltada para "amor e reparação", percebeu que era possível integrar nesta obra a dimensão dos "estudos". Nessa ocasião, mais exatamente em 1887, ele deixou registrado em seu diário o seguinte comentário: "O amor e a verdade foram as duas grandes paixões da minha vida e as únicas que gostaria de deixar, se for da vontade de Deus".

Pe. Zezinho captou o "mapa desta alma". Falo de alma no sentido latino de "ânima". É aquilo que nos dá o fôlego, o ânimo, a motivação. Neste livro você encontrará mais do que datas e fatos. Encontrará saborosos e breves relatos que vão animar seu dia. Após cinco minutos de leitura, você talvez tenha vontade de deixar o livro de lado e assumir alguma atitude de mudança. Pronto! Sua vida foi dehonizada. Mais um "leão rugiu". Outro profeta surgiu. É hora de "ir". Vamos?

João Carlos Almeida
Pe. Joãozinho, scj
Diretor-geral da Faculdade Dehoniana –
Taubaté-SP

RECADO PRIMEIRO

Em grande número de livrarias católicas há livros para todas as correntes de pensamento. Não se especializaram em apenas uma corrente de espiritualidade. Servem a todas. Por isso, colocam à sua disposição os escritos de pensadores que procuram ajudá-lo a pensar como Jesus pensou.

Não em todas, mas em muitas delas você encontrará, também, os documentos da Igreja sobre a questão social e política. São dezenas. Oferecem instrumentos para quem deseja ser, na Igreja e no seu país em mudança, um catequista do social. Existe até um *Compêndio da Doutrina Social* para quem deseja conhecer a *ascese do social* proposta pela Igreja. Ensina como interagir, como católico, no mundo da política, da economia, das finanças, dos partidos, das ideologias, das ditaduras e das democracias.

Quem lê sobre a sociologia dos católicos saberá dos erros e dos acertos de quem ousou enfrentar a "questão que mete medo". Não são poucos os pregadores e catequistas que preferem fugir pela tangente diante de temas políticos e sociais que, no dizer de Jacques Attali, cheiram a enxofre, porque polêmicos. Este livro pretende apontar na direção deste difícil caminho de santidade: de quem luta por influir nos parlamentos, nos sindicatos, nos movimentos sociais e nos partidos. Foi este o caminho vivido pelo nosso biografado, sacerdote francês, advogado e sociólogo, mas também escritor, catequista e estudioso de Teologia e História da Igreja. A que ele trilhou foi e continua a ser uma das asceses mais exigentes que se conhece: *no mundo, sem ceder ao mundo...*

Venha comigo!

Capítulo 1

PROCURA-SE UM PROFETA

Procura-se um profeta
que não seja medíocre, nem viciado em autoexposição;
que saiba profetizar sem converter-se no único
porta-voz do Reino;
que não imponha suas ideias pelo poder de compra;
que admita a existência de outros profetas tão zelosos quanto ele;
que saiba a diferença entre profecia e adivinhação;
que fale do futuro sem esquecer o presente ou o passado;
que tenha a coragem de abrir a boca até contra
quem o patrocina;
que não confunda franqueza com má educação;
que não pense que basta condenar para sanar um problema;
que viva o que propõe aos outros;
que, além de juntar as mãos para orar e bater palmas,
saiba usá-las para proteger os mais fracos
e erguer os caídos e confusos,
e não se sirva delas para ameaçar quem dele discorda.

Procura-se um profeta
que não saia por aí
como um novo Dom Quixote,
procurando problemas;
que assine manifestos contra, mas também os assine a favor;
que seja honesto a ponto de ver o lado bom
dos seus adversários;
que não declare fora do Evangelho quem
não canta no seu tom;
que não aprisione a palavra dentro das suas intrigas;
que não torne hermética a Palavra do Senhor.

Procura-se um profeta
que profetize com palavras e atos,
e não apenas com palavras de ordem;
que tenha a dignidade de morrer sozinho por aquilo
que prega, sem levar inocentes fiéis a morrer no seu lugar,
diante de algum fuzil de perseguidores de profetas.

Procura-se um profeta
que admita que profecia não é sinônimo de infalibilidade;
que não seja profeta de um só livro ou de apenas uma estação;
que não profetize com ódio, nem com melosidade;
que não profetize com sarcasmo;
que não profetize com segundas intenções!

Procura-se um profeta
que profetize com ternura, até mesmo na hora da adversidade;
que fale um pouco mais de Jesus Cristo
e um pouco menos de si e de sua família
ou dos profetas do seu grupo
e que saiba que os profetas também passam.

Procura-se um profeta
que entenda que não é a fama que o consagra,
nem é a controvérsia que o afirma;
que saiba a diferença entre popularidade e profecia,
a diferença entre virulência e profetismo;
e que não confunda política com fé ou com credo;
que não substitua incensos por metralhadoras,
nem a verdade pela bajulação.

Enfim, procura-se um profeta
que, apesar de tido como louco,
saiba portar-se com lucidez;
que reze, mas não confunda promessas de curas
e revelações com adoração ao Santíssimo.

Procura-se um profeta
que não tenha medo, mas que não pense
que basta provocar celeuma para ser bom profeta;

seja adulto e maduro, mas suficientemente rebelde
para não fazer média com a mídia,
nem se deixar carimbar por frases feitas.
Alguém que se habilite?

José Fernandes de Oliveira
Pe. Zezinho, scj

Apresento-me

Escrevi, há trinta anos, uma biografia com o título: *Leão Dehon e sua incrível paz inquieta*. Eram outros tempos. Desta vez, solicitado a reescrevê-la para jovens de hoje, pensei no título: *Um Leão que às vezes rugia*. A intenção era ressaltar o gentil e bem-educado Padre Dehon que, quando era preciso, dizia as coisas com força e clareza e punha os devidos pingos nos is. Acabei optando pelo título que você leu na capa deste livro: *João Leão Dehon, o profeta do verbo ir*. Não era possível ir aonde ele foi, ver o que ele viu e apenas orar pelos oprimidos. Foi lá, falou por eles e fez o que podia em favor de quem não tinha voz nem vez. Ele as teve e usou!

***

Apresento-me a quem nunca ouviu a meu respeito. Sou um sacerdote dehoniano e um velho contador de histórias. Chego perto dos setenta anos. Conto-as desde os quinze. Meus leitores dizem que as torno interessantes. Bondade deles! Oxalá também as histórias deste livro o sejam. Depois de quase cem livros é bom que eu saiba o que pretendo com as páginas que dito ou digito!...

Raramente falo de mim nos meus escritos. Se o faço, é para lembrar algo ou alguém maior e melhor do que eu. E é o que farei nestas páginas que, espero, cheguem ao seu intelecto e ao seu coração. Tenho um convite a lhe fazer. Se me ler até o fim, saberá qual o convite e o porquê de mais este livro.

Voo panorâmico

Não sei se você gostará do meu estilo. Chamei-o de "estilo panorama". Farei como o piloto que sobrevoa uma paisagem, sobe, desce, vai e volta até que o turista fixe bem o cenário. Irei e voltarei com minhas reflexões sobre a vida e os escritos do Padre Dehon. Direi e tornarei a dizer o que pretendo lhe oferecer como proposta de profecia. Mesmo assim, penso que ponho em suas mãos algumas páginas de fácil leitura, destinadas a divulgar um sacerdote católico que não tinha medo de fazer política e que não fugia de temas controversos.

Para muitos do seu tempo ele foi profeta; para nós, profeta continua! Seus livros, hoje mais de consulta do que de leitura habitual, continuam a repercutir. Espelham uma das posturas da Igreja de oito a doze décadas atrás. Outros entendem que sua profecia foi ferida por algumas coisas peremptórias que disse a respeito do povo judeu. Esquecem ou não sabem que muitos santos canonizados disseram coisas ainda mais duras do que ele e, nem por isso, se lhes nega a aura de santidade. Santos escorregam, mas se corrigem. Dê-lhes um tempo e verá.

***

Não vou exagerar dizendo que foi ele o único ou o maior do seu tempo, nem pretendo ombreá-lo com os que o precederam e agiram como ele agiu. Contudo, foi nesses profetas falantes, os quais também considerava maiores do que ele, que meu biografado se inspirou para fazer o que fez, dizer o que disse e correr os riscos que correu.

Para nós que o conhecemos, ele é profeta bastante. Deixou marcas e pegadas, pelo menos em nós, que nos consideramos família dehoniana. Isso não significa que subscrevemos todas as suas frases e todos os seus pronunciamentos, da mesma forma que não espero que meus amigos e leitores subscrevam tudo o que eu digo. Escrever é arriscar. *João Leão Dehon*, este o nome do nosso biografado: pregou, escreveu e arriscou-se.

Moço demais

Era moço demais pra saber que caminhos devia escolher
Não podia, por certo, entender essas coisas
que a vida é que ensina
Afinal, o que sabe um rapaz aos dezoito anos de vida?
Tudo isto escutara João, quando ele apareceu
Lá na casa dos pais, cultivando esta ideia atrevida:

Pregar o Reino de Deus, lutar pelos oprimidos
Levar a força do amor aonde manda o rancor
E onde o medo é demais
Lutar por um ideal, pelo bem contra o mal
E a serviço da paz.

E naquele solar dos Dehon, o conflito cresceu e doeu
No silêncio o filho João e na angústia do pai que se opunha
Afinal, o que sabe um rapaz aos dezoito anos de vida?
Mas o filho de Julio Dehon foi pra escola estudar,
como quis o seu pai, cultivando esta ideia atrevida:

Foi assim que João resolveu, quando a idade madura chegou
Mas o pai de João não cedeu e o mandou viajar pelo mundo
E nas margens do Rio Jordão onde O Mestre um dia estivera
Pareceu-lhe escutar a Jesus que o mandou regressar
para a casa dos pais, cultivando esta mesma quimera.

(Letra e música: Pe. Zezinho, scj)

O padre que ia ao povo

Você talvez conheça alguns sacerdotes educadores e advogados. Há e houve muitos. Eu mesmo conheço centenas deles. Sabem mais do que filosofia e teologia. É sabido que o exercício da advocacia, com mais meios e instrumentos, pode ajudar um sacerdote a lutar pelos direitos do indivíduo e da comunidade. Entre meados do século XIX e inícios do século XX (*1843 – †1925), viveu um sacerdote francês que, além de ser um consagrado, foi advogado, sociólogo, filósofo, teólogo, conselheiro político de sindicatos de patrões e operários, escritor de mais de 30 livros, jornalista, educador, líder de jovens, diretor de colégio, fundador e diretor de revista, conferencista e, além disso, fundador de uma congregação de padres e irmãos, dedicada à reparação de desvios e pecados da sociedade.

***

Conheça-o melhor! Permita-me que lhe apresente *João Leão Dehon*, filho de Julio Dehon e Stefania Vandelet, irmão de Julio, militante e membro da Ordem Terceira Franciscana, aluno de jesuítas, membro dos Vicentinos e de dois ou três outros movimentos de Igreja para jovens, fruto de mãe piedosa, de colégio católico e de movimentos de Igreja. Parece-me um bom começo de biografia.

***

Homem fiel à Igreja, cidadão de significativa cultura e de grande abertura de coração, ele nunca se fechou num único movimento ou numa única experiência de catolicismo. Quis conhecer e participar de muitas, porque via Deus agindo em todas. Talvez seja sua primeira virtude a se destacar. Não se fechou nem se prendeu a nenhum grupo. Conhecia todas as linguagens de seu tempo e conseguia pregar para os cultos e para os simples, exatamente porque se abria para as mais diversas espiritualidades da Igreja.

Há muito a dizer em favor desse padre francês que adotou as expressões "eis que eu venho", "eis que vou" e "ir ao povo" como um jeito de viver a fé católica. Foi, também, um dos muitos sacerdotes dedicados a divulgar a devoção ao Coração de Jesus, entre os anos 1870 e 1925. Respirava esta mística: *o coração de Cristo para homens de coração novo.*

***

João Leão Dehon, a quem daqui por diante chamaremos de *Leão Dehon* ou de *Padre Dehon*, que, já o assinalamos, nasceu em 1843 e faleceu em 1925, viveu oitenta e dois anos de intensa busca de respostas para os problemas sociais da França e da Europa do seu tempo. *Anunciar Jesus sem buscar a justiça e a paz de um povo não lhe parecia correto. Religião sem busca de justiça social é uma farsa. Para ele estava claro que a justiça social era uma coisa e política, outra. Mas a política poderia ser evangelizada para se colocar a serviço da justiça.* Com ela, a escola, a família, as fábricas, a imprensa, os sindicatos, a Igreja.

Não há como negar que Padre Dehon fez política, ensinou política e agiu como ativista político. Só não se filiou a partidos ou correntes ideológicas da época. Permaneceu homem de Igreja. É certo que fez o que fez por ser cristão e sacerdote. Dentro da Igreja houve quem torcesse o nariz e levantasse os sobrolhos para esta ousadia. Ainda os há. Paciência! Santidade nunca foi unanimidade. Nem Jesus foi visto como santo por todos que o conheceram! Um pouco mais de História da Igreja nos ajudará a entender que houve e há muitas maneiras de ser santo, desde que não se omita o essencial: a busca da verdade na caridade. Pode até haver interpretações errôneas do que seja a verdade e a caridade, mas não há como negar que os santos, para serem santos, precisam ser honestos na sua procura.

***

Padre Dehon acreditava na ação social e política como maneira eficaz de mudar uma sociedade. Mas seria desinformação, crueldade até, concluir que, como muitos padres que através dos tempos enveredaram pela política e se desviaram do sacerdócio, ele se perdeu. Não se perdeu! Foi acusado disso, mas nunca se afastou da contemplação. *Os olhos que se voltavam para o povo e suas dores, com a mesma serenidade, voltavam-se para o sacrário.*

***

A militância em favor de mudanças sociais na Igreja e no mundo no qual viveu o tornava cada dia mais místico, mais voltado para o outro e para a oração. Deixava-o cada vez mais disposto a levar as cruzes de quem não conseguisse levá-las.

Levar a cruz do outro

Levar a cruz do outro foi sua mística e seu ideal. Ninguém faz isto sozinho. Quis companheiros para esta missão. A solidariedade exige a cumplicidade de muitos, para que muitíssimos se salvem. São Paulo magistralmente situou a questão quando disse: "Fiz-me fraco para os fracos, para ganhar os fracos. Fiz-me tudo para todos, para, por todos os meios, chegar a salvar alguns" (1Cor 9,22). O texto é claro: Paulo não achava que salvaria o planeta. Não era megalomaníaco. Unir-se-ia a outros. Se pudesse, falaria ao mundo todo, mas já seria maravilhoso se, com todos os seus cansaços, *salvasse alguns*. Mais adiante, dá uma lição aos pregadores vaidosos que não resistem a prêmios e aos primeiros lugares, e vorazmente querem mais fama, mais dinheiro, mais repercussão e não hesitam em dizer que serão vencedores e seus seguidores ocuparão os primeiros postos, coisa que Jesus também condenou (Mt 23,6). Disse Paulo: "Como também eu em tudo procuro agradar a todos, não buscando o meu próprio proveito, mas o de muitos, para que assim se possam salvar" (1Cor 10,33). Mas isso acontecerá dentro do projeto de Deus, e não do pregador. "E, quando todas as coisas lhe estiverem sujeitas, então também o mesmo Filho se sujeitará àquele que todas as coisas lhe sujeitou, para que Deus seja tudo em todos" (1Cor 15,28).

***

Leão Dehon viveu essa mística de maneira convicta e convincente. O processo de ir ao povo, cada dia com mais dedicação, o levou à mística de jamais pregar alguém na cruz. *Cristão não crucifica: tira da cruz!* Guarde esta minha sentença. É mais forte do que você imagina. Aprendi isto com os santos que conheci em vida. Dom Helder Câmara, Dom Aluísio Lorscheider, Dom Ivo Lorscheiter, Dom Luciano Mendes, Irmã Dulce, Dom Paulo Arns, Dom Angélico Sândalo Bernardino e centenas de outros, alguns felizmente ainda vivos entre nós, enquanto escrevo estas linhas.

Pela vida inteira Dehon seguiu este rumo. Não há uma conferência, uma obra social, uma página de livro sobre leis justas e democracia cristã que não vise a este projeto: libertar os crucificados das duras cruzes a que os submetiam um capitalismo selvagem e um socialismo que se prenunciava ditatorial e repleto de intolerâncias. A seu modo, ele seria um Cireneu (Mt 27,32), isto é: um carregador de cruzes. E formaria muitos outros.

Levariam as cruzes que não pediram para levar, mas que teriam que ajudar a levar e, além disso, as cruzes que voluntariamente escolheriam levar.

Um mundo brutalizado

No dizer de muitos sociólogos e historiadores, os esquemas atuais biologizaram a história e racializaram a sociedade. O que viera de longe continuou no tempo do nosso biografado. Pessoas perversas ou desequilibradas dividiram os seres humanos em aptos e inaptos, fortes e fracos, vencedores e perdedores. E tudo começou com pseudorreligiosos, pseudocientistas, pseudoparlamentares, pseudofilósofos que, primeiro, criaram suspeitas, depois lançaram um grupo humano contra o outro e, finalmente, desenvolveram a cultura do ódio: "Você não pode ir lá, você não vai lá, não se misture, eles são das trevas, você é da luz; você foi escolhido e eles não foram, você é ungido e eles não são, você é da raça escolhida".

Karen Armstrong escreveu um volumoso estudo sobre a Era Axial, *A grande transformação* (2008). Fala do mundo na era de Buda, Confúcio e Jeremias. Num período que vai de 1600 a.C. a 220 a.C., ela aborda os povos axiais, o ritual, a *kenosis*, o conhecimento, a empatia, a preocupação com todos, a unidade, o império. Seu intuito é estudar o nascimento de grandes filosofias e grandes religiões, nas quais a preocupação em conhecer e salvar o outro deu um rumo ao ser humano. Foram séculos humanamente mais construtivos do que destrutivos.

***

O nosso tempo parece ter seguido ordem inversa. Vale o acúmulo, o sucesso, valem os números. Privilegiou-se a tecnologia. O mundo cedeu de vez aos encantos do individualismo. Somos de uma era muito mais narcisística do que daqueles tempos. O marketing moderno e a mídia se encarregaram de ampliar o seu alcance. Religiões e grupos políticos puros e eugenistas provocaram milhões de mortes e nada indica que não provocarão ainda mais.

***

A tribo de Dan, no remoto passado, segundo se pode ler em Juízes 18,27, para ocupar o território dos pacíficos habitantes de Laís, massacrou-os em nome do Senhor. Recentemente tribos e povos do sombrio século XX encheram o planeta de sangue. A lista de crimes odiosos é assustadora: hererós, armênios, judeus, haitianos, timorenses, tutsis, cambojanos, russos, croatas têm para contar histórias muito semelhantes às dos nativos das Américas e da África, a respeito dos brancos invasores, que chamaram as suas matanças de "processo civilizatório".

Mais de 1 milhão de armênios mortos pelos turcos em limpeza étnica; 85% dos hererós mortos pelos alemães; 6 milhões de judeus mortos pelos nazistas de Hitler; 30 mil haitianos mortos por Trujillo; 1,7 milhões de cambojanos mortos por Pol Pot; 800 mil tutsis mortos pelos hutus; 300 mil mortos na ex-Iugoslávia; massacres de Sabra e Chatila por milícias cristãs libanesas; 200 mil assassinatos em Timor Leste; 20 milhões de russos mortos em kolkhozes; 200 milhões de chineses massacrados ou deslocados em sucessivas reformas comunistas; 3,5 milhões de poloneses mortos cruelmente. E houve muitos mais. Islâmicos e cristãos já mataram entre si mais de dois milhões no Sudão. Algumas guerras são sem fim, como no Oriente Médio, Congo/Kinshasa, Somália, Iêmen, Myanmar, Afeganistão e Serra Leoa.

Acrescentem-se a isso as gangues, os grupos violentos, os milhões de abortos anuais, os suicídios, os assaltos e os extermínios nas favelas e grandes aglomerações do mundo; o tráfico de mulheres escravas para sexo, os desaparecimentos de 40 a 100 mil pessoas por ano em países como Estados Unidos, Brasil, Europa e Ásia, o poder do tráfico de entorpecentes, e teremos o quadro de um mundo brutalizado. Homens e mulheres são animais racionais, mas há os mais animais do que racionais.

***

Vítimas do colonialismo, do tribalismo, dos católicos, dos evangélicos, dos muçulmanos, dos comunistas, de nacionalismos exacerbados e de racismos, pagaram com a vida o preço de não estarem "do lado certo". Os violentos, excitados por pregadores e políticos que prometem vitória, sucesso imediato e o controle de povos e territórios, vivem do ódio ao diferente. Não se misturam e, se podem, massacram ou silenciam quem pensa diferente.

Uma parte desse mundo que, se não era tão cruel como hoje, tinha suas estruturas esmagadoras, Leão Dehon pensou transformar com a Doutrina Social da Igreja. Se não conseguiu, ao menos não se calou!

Um pregador que pregava!

Antonio Vieira, autor do *Sermão da Sexagésima* (1655), teria gostado de conhecê-lo. Vieira queria pregadores dizendo coisa com coisa, cultos, sem contemporizações, anunciadores "da Palavra" de Deus e não "de palavras" de

Deus... Num mundo cheio de pregadores que escolhem esconder a sua opinião sobre assuntos e temas controversos ou perigosos, ou que até consideram pecado um sacerdote falar de política e de mudanças no seu país, Leão

> Num mundo cheio de pregadores que até consideram pecado um sacerdote falar de política e de mudanças no seu país, Leão Dehon continua a provocar.

Dehon foi uma provocação aberta a muitos sacerdotes e pregadores carreiristas do seu tempo. Continua a provocar.

Místico até o recôndito da alma, ele foi, também, um ativista até o último fio de cabelo. Olhou para o céu para onde sonhava ir e tentou fazer um céu aqui até onde pudesse fazê-lo. Não estava satisfeito com as políticas do seu tempo. Elas não beneficiavam o cidadão nem sua família. O capitalismo era selvagem e o socialismo que se delineava era escravizante e escravagista. Ninguém tem o direito de explorar ou oprimir a quem quer que seja. Nem mesmo aos animais, quanto menos ao trabalhador e sua família!

CAPÍTULO 2

A QUESTÃO QUE METE MEDO

O cerne da questão

Como sucedeu aos profetas do passado, ele fez e disse coisas profundas que até hoje repercutem. Resolveu pregar e pregou, resolveu anunciar e anunciou, sentiu que deveria denunciar e denunciou. Foi ao cerne das coisas e das causas. Disse o que achava que deveria dizer. Fazendo isso, mais acertou do que errou.

É vasta sua folha de serviços à Igreja do seu tempo. Relembremo-la: 1) Advogado; 2) Jornalista; 3) Escritor de catecismos sociais e de inúmeras obras de cunho sociopolítico e outras de espiritualidade e ascese; 4) Fundador de jornais e revistas; 5) Conselheiro e diretor espiritual de sindicatos de patrões e operários; 6) Sociólogo, formado em filosofia e teologia; 7) Estudioso de paleontologia; 8) Profundo conhecedor de História da Igreja; 9) Colunista de vários jornais; 10) Fundador de um colégio e de uma congregação de sacerdotes – os Padres do Sagrado Coração de Jesus.

Leão Dehon foi certamente um dos pioneiros do engajamento sociopolítico da Igreja, engajamento que até hoje divide pregadores e fiéis entre os pró-conversão pessoal e os pró-conversão da sociedade. Não há um porquê nessa divisão, mas ela, infelizmente, existe.

A questão que mete medo

De todas as questões, as que mais jogam os adversários contra a Igreja são as questões sociais. Levadas a sério, incomodam e metem medo. Um sacerdote que as abraça enfrentará maiores objeções. Pregadores de conversão pessoal, que cantam e falam mais do céu de amanhã e de Jesus que cura e liberta a alma, incomodam menos as autoridades e os grupos de poder. Pouca gente briga com quem apenas ora e ensina orar ou cuida de pobres e toxicômanos. Ninguém entra em grandes conflitos contra quem afirma curar nos templos. De um jeito ou de outro, os mesmos fiéis um dia acabam em clínicas, inclusive os pregadores de milagres e curas, com seus familiares. Enfermos, quase todos procuram hospitais. Mas quem prega mudanças sociais e novas maneiras de lidar com o pobre, o trabalhador e a organização social mexe com centenas de grupos políticos.

Os documentos da Igreja sobre vida espiritual, embora mexam com milhões de corações, mexem pouco com os poderosos. O mundo tolera mais quem ora do que quem propõe mudanças e ascensões. Os pronunciamentos sociais sacodem partidos, grupos e mídia. Consideram que o clero que levanta o povo para alguma causa social se imiscui na vida política da nação, quando, na verdade, o clero está apenas dizendo aos fiéis leigos que usem do direito de cidadãos, direito afirmado nas Constituições da maioria dos países ditos democráticos.

Quando o Padre Dehon assumiu a questão que mete medo – a da mudança de estruturas e a da intervenção no sistema bancário e no mercado –, sabia o que suas palavras lhe custariam. Se for o dinheiro a causa do massacre de tanta gente humilde, mexa-se no dinheiro e em quem o manipula!

Parecia ser a sua proposta. Está clara nas suas Conferências Romanas de 1897 a 1903, publicadas com o nome *A Renovação Social Cristã* (2001). Não lhe sairia barato. O mercado continua governando o mundo. Ir contra ele é arriscar ou o nome ou a vida. *Se é verdade que o mercado não tem face, também é verdade que tem garras. Ninguém mexeu com ele sem sair ferido.*

Aconselho ao leitor o livro de Jacques Atalli, *Uma breve história do futuro* (2008). Do mesmo autor, que é judeu, merece leitura o livro: *Os judeus, o dinheiro e o mundo* (2008).

Explicando o judaísmo, sua saga e sua presença na História, ele começa seu erudito livro dizendo que um dos temas mais delicados em sociologia é a questão do dinheiro, e que para um judeu é tema que cheira a enxofre. Sem compreender o porquê de os judeus terem sido empurrados para esta atividade econômica e as dores do povo judeu por conta de preconceitos seculares contra o poder que conseguiram pela via das finanças, fica difícil entender as reações que o assunto suscita. Para o Padre Dehon tocar no tema da maneira como tocou custou-lhe, quase cem anos depois, a suspensão do processo de beatificação. Estava apenas a alguns dias de ser declarado beato! Não é um tema de fácil abordagem.

Sociais e políticos demais

Duas posições e dois riscos. Pode-se ser político demais e pode-se também ser excessivamente indiferente à política e, como justificativa, usar o nome do Criador que nos fez também seres políticos. Somos chamados a *construir a pólis* (πολισ) e administrá-la com justiça e compaixão. Está claro entre mais de mil discursos e documentos através dos séculos, em mais de 30 documentos e encíclicas magistrais do século XX, passando pela *Rerum Novarum*, de Leão XIII, pela *Gaudium et Spes*, do Vaticano II, até a *Sollicitudo Rei Socialis*, de João Paulo II.

> Não seríamos discípulos de Cristo se fôssemos indiferentes à sorte de uma cidade ou de uma nação. Cristão apolítico é cristão acrítico, que não se importa, não vota, não opina e não participa, torna-se cúmplice das ditaduras ou dos desgovernos de seu povo. Jesus falou de política e enfrentou os poderosos de seu tempo, mas também dialogou. Soube lidar com as correntes políticas que encontrou à sua frente. Morreu vítima das artimanhas de uma delas!

A fé que não leva em consideração a administração da cidade, do Estado e da Nação, seus mecanismos e suas torpezas, e que não intervém em favor dos marginalizados, perde a credibilidade. A triste verdade é que há pregadores alienados ou políticos demais. Dehon não estava com estes. Nunca esqueceu a vida interior e a busca do céu, mas nunca passou por cima do começo do céu e da sua justiça aqui na terra.

Clericais e piedosos demais

Se não estava com os excessivamente políticos, também não estava com os alienados que nem sequer abriam jornais. Tinha palavras duras contra o clero que fugia dos temas sociais. Era natural que colhesse adversários entre estes. *Lembra que, a partir de 1859, os bispos alemães, reunidos em Fulda, tomaram a seguinte decisão:*

> Na formação que se dá ao clero, no estudo da filosofia e da ciência pastoral, não se pode, por mais tempo, omitir a questão operária.

É até desejável que alguns eclesiásticos se dediquem, de modo especial, ao estudo da economia política (*A Renovação Social Cristã*, p. 320. Conferência sobre o Programa Democrático).

Jesus não fugiu da política

Lembra o livro *Inchiesta su Gesù*, de Mauro Pesce e Corrado Augias (2006), que, se Jesus não se filiou a nenhum grupo político da época nem seguiu nenhuma ideologia, é certo que, somados todos os textos de cunho sociopolítico que a ele se atribuem nos quatro evangelhos, emerge com clareza um fato: mais do que salvar o pobre (em grego: *penes*), Jesus veio para o *ptochòs,* que se traduz como "mendigo, vagabundo, marginalizado, socialmente zero à esquerda, descartado".

Buscou os menores entre os pequenos

Veio para os *ptochòi*, "os mais pobres dentre os pobres", e para as criancinhas. As crianças, naquela sociedade agropastoril primitiva, não eram vistas como pessoas, o que, aliás, é o que se pleiteia nas nações ditas civilizadas de hoje, a respeito dos embriões. Ainda são vistos como coisas e, em países mais radicais, caso sejam indesejados, equivalem a um tumor a ser extirpado, carne de outro em lugar errado.

Naqueles dias, na cultura grega e romana, uma criança não tinha nem mesmo o direito à vida. Os pais tinham absoluto poder sobre ela. Na Grécia e em Roma, se seu pai não a quisesse, poderia deixá-la à beira da estrada ou dar a um escravo. Em Esparta, embora haja historiadores que contestem e considerem mais lenda que fato, falava-se da existência de um abismo chamado *Apotetes,* onde se jogavam os inimigos da pátria e as crianças rejeitadas. Que Jesus tenha defendido com veemência os mais rejeitados, e dito que viessem a ele, já é uma fortíssima posição política de cunho revolucionário.

Jesus, porém, vendo isto, indignou-se, e disse-lhes: "Deixai vir os meninos a mim, e não os impeçais; porque dos tais é o Reino de Deus" (Mc 10,14).

Vinde a mim, todos os que estais cansados e oprimidos, e eu vos aliviarei (Mt 11,28).

Mas qualquer um que escandalizar um destes pequeninos, que creem em mim, melhor lhe fora que se lhe pendurasse ao pescoço uma mó de azenha, e se submergisse na profundeza do mar (Mt 18,6).

Vede, não desprezeis algum destes pequeninos, porque eu vos digo que os seus anjos nos céus sempre veem a face de meu Pai que está nos céus (Mt 18,10).

E, respondendo o Rei, lhes dirá: "Em verdade vos digo que, quando o fizestes a um destes meus pequeninos irmãos, a mim o fizestes" (Mt 25,40).

Quem rejeitou será rejeitado

O fato de, em Mateus, aparecer um Jesus (Mt 25,31-46) que julgará e rejeitará os que não acolheram os famintos, os sedentos, os sem agasalho, os solitários e excluídos da sociedade, mostra que o Reino anunciado por João Batista e Jesus tinha um projeto futuro de céu e um projeto político-social para este mundo. Se não era um programa político-partidário fariseu ou saduceu, pelas muitas passagens atribuídas a Jesus, havia um projeto político-religioso com forte incidência no social e na solidariedade. Não haveria salvação para quem não ajudasse a libertar os cativos, a minorar as dores, a "descrucificar" os crucificados ao seu redor.

Como Jesus não admitia o uso de espadas e de armas, menos ainda de violência estatal ou revolucionária, o projeto só se poderia realizar pela política, por comunidades onde o líder deveria lavar os pés dos que ele liderasse e servir mais do que os outros, porque a quem se deu, de tal pessoa se pede mais. E o que é isto, senão uma proposta político-revolucionária? Como não levar adiante a política que vem da fé e do amor fraterno e a proposta de que não disputassem os primeiros lugares, mas, se fossem chamados a Ele, servissem mais do que os outros? Tudo isso estava na mente e na pregação de Leão Dehon, o padre, o sociólogo, o advogado!

Sem medo de tocar nas chagas

Vimos como o Padre Dehon escreveu duramente contra os sacerdotes que se contentavam com pregações sobre a salvação das almas, indiferentes à sorte dos pobres e dos desempregados. Chegou a ironizar os que, diante da imensa dor do povo, achavam suficiente fundar associações de "piedosas mocinhas". Aquilo, sim, era "chuchar o boi com vara curta"! Está claro que os piedosos monsenhores, defensores cegos da fé sem interferências políticas, reagiriam. Reagiram! Não foram poucos os que o viram como irreverente e iconoclasta. Daí concluir que o padre era um republicano que nem sequer rezava, foi um passo! Mal sabiam quão devoto e piedoso era o padre sociólogo. Mas o caluniador não quer saber da verdade. O que ele quer é calar quem o incomoda, e a mais cruel das armas é a calúnia. Calúnias custaram caro ao caro padre!

***

Se criticava a abstenção do Estado ante o que ele classificava de "mal-estar social", criticava também a omissão do clero. O clero teria que aprender uma coisa: "A Igreja jamais reprovou o capital. Mas se hoje com frequência o capital é instrumento de opressão e de usura, então é preciso combater seus abusos e não o seu uso legítimo" (*A Renovação Social Cristã* – RSC, p. 104-II).

Existiu e ainda existe um anticapitalismo tolo, muito bem acompanhado de um antissocialismo igualmente fanatizado. Para tais pessoas tudo o que vem do capital não presta ou tudo o que vem do socialismo é ditadura. Agem como o sujeito que acha que, depois que se sai de Buenos Aires, só se pode chegar ao Rio de Janeiro. Ignoram as grandes e as pequenas cidades no meio do caminho. Para elas, Curitiba, São Paulo, São José dos Campos ou Taubaté passam a não existir. Lá não vive gente feliz, porque não moram nem no Rio de Janeiro nem em Buenos Aires! Ora, há socialismo e socialismo, capitalismos e capitalismos. A Igreja propõe que se humanizem as propostas humanizáveis e que nenhum dos sistemas esmague o cidadão, que, por sua vez, precisa superar seu individualismo egoísta e exacerbado.

Naquele tempo *mutatis mutandis*, assim pensava o Padre Dehon, que pontificava:

> Nós, padres, desejamos ardentemente o bem das massas. Nós ficamos felizes com todas as transformações úteis. Somos apaixonados pelo progresso. O bem-estar material do povo encontra amplo espaço em nossos corações de apóstolos. Nosso ideal é o bem temporal do povo junto ao bem espiritual. Tudo o que for obstáculo ao bem-estar, como a fome, a doença, o excesso de trabalho, as moradias insalubres, queremos cancelá-lo. Este é o verdadeiro ensino do evangelho... (RSC, pp. 114-115).

CAPÍTULO 3

TIRAR ALGUÉM DA CRUZ

O verbo "descrucificar"

Não está no dicionário. Crucificar é verbo registrado. Descrucificar, não consta. Dehoniano convicto, adicionei-a aos meus escritos. Criei este neologismo ao lado do verbo descriar, porque, se descrucificar é o desejo de libertar alguém da cruz, já que não se podem eliminar as cruzes deste mundo, descriar é realidade cotidiana, desde que o mundo se proclamou civilizado. O ser humano adora brincar de anticriador!

Mata-se, deleta-se, elimina-se, anula-se o outro para que, livre dele, quem deletou ou matou realize seus projetos que aparentemente o outro atrapalhava. Não é o que fazem os ditadores e as-

> Descrucificar, releve-se o neologismo, é ato profundamente humano e compassivo. É atitude reparadora.

sassinos? Grande parte dos humanos não sabe construir sem primeiro destruir. Descrucificar é, pois, ato profundamente humano e compassivo. É descer alguém da cruz na qual foi colocado. É reparar o mal, indo no sentido contrário ao mesmo mal. Alguém pregou alguém? Eu o desprego. Danificou? Eu reparo. Quebrou o vaso precioso, eu o refaço! Mas descrucificar é muito mais do que um ato contrário: é atitude reparadora, da mesma forma que crucificar não é apenas um ato mau; é a somatória de muitos atos maus. O crucificador quase sempre tem *know-how* que já vem de longe. Não ficou mau naquele momento. São poucos os que crucificam apenas uma vez. É atitude costumeira, como é a do caluniador que raramente calunia apenas uma vez! O ato reparador, portanto, tem que ser atitude costumeira, tanto quanto crucificar tem sido, através da História, gesto rotineiro de quem discorda ou acha que precisa vencer a qualquer preço, preço quase sempre pago pela vítima!

***

Para o Padre Dehon era mística ir lá, elevar quem foi ao chão e tirar da cruz quem nela foi pregado. Na sua conferência de 11 de março de 1897, sobre a Missão Social da Igreja, à qual compareceram quatro cardeais, entre outras coisas disse ele que os profetas contemplavam os tempos vindouros como um todo e os viam como um céu formoso após uma tempestade: ligeiramente nublado. As profecias são manifestamente positivas: um dia, o Cristo trará aos povos que lhe forem fiéis a paz, a liberdade e a prosperidade.

A Igreja que descrucifica

Mas Dehon discorre outra vez sobre o serviço que a Igreja prestou ao mundo. Ousa dizer que o cuidado para com os pobres foi um quase culto, que se tornou a marca distintiva da religião cristã. Sua conferência foi um ensaio apologético, rico de citações e de biografias de santos. Estavam ali, com antecipação de quase sete décadas, o que os Documentos do Vaticano II diriam a respeito dos pobres. É claro que não eram todas ideias suas. Ele as compendiara de maneira magistral. Sua Igreja assim pensava e o mundo precisaria conhecer seu pensamento social.

***

Não importa que nos crucifiquem! Viemos descrucificar! Se o verbo não é de Leão Dehon, mas meu, a ideia e a mística perpassam os seus escritos. Padre Dehon fez dela o seu caminho, caminho que se fez um prolongado martírio. Não pregava pelo aplauso da plateia. Pode ser que alguém que crucifique os outros escape impune, como foi o caso de alguns ditadores que morreram festejados pela mídia a eles subserviente, ou de um Pol Pot que massacrou dois milhões de cambojanos e morreu no leito. Mas eles pagam o seu preço. Não era de se esperar, mas não é menor o preço pago pelos que pregam mudanças e menos cruzes para o seu povo. Os sistemas de força do mundo não gostam de quem desce da cruz as vítimas que ele crucificou...

Respondeu e perguntou

Polêmico e apologético – e quase cem anos depois, o *Documento de Aparecida* (DAp), n. 229, sugere que o sejamos na justa medida –, Padre Dehon eventualmente fez algumas afirmações que hoje não seriam aceitas. Sobre isso também discorrerei no decurso deste livro. Lembrarei Moisés, Elias, Jeremias, Isaías, Jerônimo, Atanásio e Agostinho, que também não acertaram em tudo, mas deixaram marcas de santidade. Ousado defensor dos oprimidos e de uma Igreja compassiva e anunciadora de justiça para todos, Leão Gustavo Dehon, que mudou seu nome para João Leão Dehon, scj, apontou-nos um rumo e um projeto.

Ele não está sozinho. Uma leitura da Bíblia e da vida dos santos vai nos mostrar que os verdadeiros profetas eram e são homens para o futuro, mas não deixam de ser homens do seu tempo. Não acertam em tudo, nem por isso deixam de ser profetas. Continuam voltados para Deus e podem, sim, ser chamados de almas consagradas, veneráveis, beatos e santos, até porque, em geral, eles são os primeiros a reconhecer seus limites.

Mirar a santidade, acreditar no seu chamado, mas admitir o próprio limite, foi uma das características e, até mesmo, algumas das sentenças finais do Padre que venho lhe apresentando: "Deixo-lhes um tesouro: 'O Coração de Jesus!'. Fundei uma Congregação muito imperfeita! Por ele vivi, por ele morro!". Eram sentenças de um homem penitente.

Biografias de santos

Não sei que biografias ou vidas de santos você leu, mas já faz tempo que as hagiografias deixaram de mostrar apenas os acertos, os sucessos e os atos heroicos dos santos. Como eu, muitos pregadores de agora perceberam que a Bíblia mostra os dois lados dos patriarcas, juízes, reis, profetas e apóstolos. Abraão, Jacó, Rebeca, Moisés, Aarão, Josué, Gedeão, Sansão, Davi, Salomão, Elias, Jeremias, Isaías, Pedro e Paulo acertaram e erraram. E a Bíblia registrou seus erros e acertos; divulga, mas conta a verdade sobre seus personagens.

***

Na minha juventude conheci biografias que falavam de heróis e santos que nasceram, viveram e morreram sem nenhuma nódoa, mancha ou escorregão; o pecado parece ter passado longe deles. Mais tarde, descobri que suas imperfeições estavam lá nos seus livros e escritos e no testemunho de quem viveu ao seu lado, a mostrar que nem tudo foi como disseram os seus biógrafos; nem por isso deixaram de ser *totus tuus,* totalmente de Deus. Não há homens, nem santos, nem profetas perfeitos; só Deus é perfeito.

> Não há santos perfeitos. Por isso, também não existe conversão perfeita! Até o último dia de nossa vida teremos que nos converter a Deus.

Podemos e devemos buscar e dar o melhor de nós mesmos ao máximo de nossa capacidade, mas uma coisa é buscar a perfeição e outra, ser perfeito.

Jesus pediu isso dos seus discípulos: que buscassem ser "perfeitos como o Pai é perfeito" (Mt 5,48). É claro que não estava propondo que ombreassem com Deus. Na verdade, sugeria que buscassem dar o máximo de si mesmos. Não exigiu o impossível. Perfeitos "como" Deus, perfeitos "como" Jesus é impossível ser, mas dar o máximo de nós mesmos, isto, sim, é possível. Muitos santos o conseguiram. Vários biógrafos do Padre Dehon dizem que, até onde chegaram suas análises do que ele viveu, disse e fez, Leão Dehon tentou em tudo amar, pensar, sentir e viver como Jesus viveu! Mesmo que não seja beatificado, é o quanto basta para sabermos que buscou a santidade.

Santos de agora

Como fizeram os autores da Bíblia, dizia eu, autores de biografias de santos e santas de hoje retratam pessoas *veneráveis, mas vulneráveis*; falam de gente real que fez o que sabia para atingir a santidade; de vidas humanas sujeitas a grandes acertos e, em alguns casos, a erros não desejados, mas reais. Voltemos a lembrar Abraão, Jacó, Rebeca, Sara, Davi, Moisés, Elias, Judite, Sansão e centenas de outros personagens e figuras do Antigo Testamento que deixaram gigantescas lições de vida. Alguns deles, como o personagem Sansão, uma espécie de Hércules hebreu, recebem descrição nada elogiosa. O que se lê na Bíblia é mais o perfil de um grandalhão arruaceiro do que de um santo. Está nos capítulos 13 a 16 do livro dos Juízes. Sua força não tinha limites, mas também seu atrevimento e seus caprichos não os tinham. Sansão é um herói metade devoto e metade rufião, mais herói do que santo! Dá-se o mesmo com Gedeão. Era outro baderneiro, mais arruaceiro do que santo. Mas teve seus momentos de herói (Jz 7,9).

Os autores dos livros não ficam apenas no heroísmo deles; mostram também os seus excessos.

Mais heróis do que santos

Se a Bíblia não esconde as imperfeições dos seus heróis, nem por isso deixamos de admirá-los pelo bem que, apesar de seus pecados, realizaram. Deus sabe o que fazer com nossos limites. Daí a importância da penitência e da humildade. Quem não é penitente nem humilde a ponto de admitir que precisa da graça para se converter não é santo. Quem se culpa demais pelos seus erros está mais perto da depressão do que da elevação; chega escoriado e em frangalhos à santidade; celebra demais as próprias culpas; sobra-lhe pouco ânimo para celebrar as misericórdias daquele que o libertou. Contrição faz bem, remorso, não. Os santos são contritos, mas não cultivam remorsos. Não remordem o que já foi mordido.

Nos escritos do Padre Dehon percebe-se este equilíbrio. Foi penitente e consciente, mas apostou na misericórdia e na justiça. Falaremos disso ao contar alguns episódios penosos da sua vida.

Palavras a uma cabeça jovem

O assunto é santidade! Pelos capítulos anteriores imagino que você tenha percebido por onde estamos indo. Anda meio em moda no rádio e na televisão dar testemunho de vida e dizer, para milhões de olhos e ouvidos: "Encontrei Jesus e agora vivo só para ele"; "Jesus me tocou". Não deixa de ser uma profecia e um testemunho de que Jesus fez mais um santo. Os que assim agem não estão errados, mas correm o risco do confronto. Hoje o aplauso, amanhã a contestação. É que todo santo tem pés de barro. Ao apontar para si próprios como prova de que Jesus liberta, correm o mesmo risco de Salomão, que também glorificou o Senhor por riquezas e sabedoria recebidas em abundância, mas acabou adorando os deuses de suas concubinas.

Amanhã alguém cobrará pelo milagre e pela cura anunciados, ou pela conversão divulgada perante milhões. Há uma cilada implícita no "eu era assim e, agora, vejam o novo eu". Vai ter que provar esta verdade a cada gesto e a cada ato da sua vida. Uma coisa é testemunhar na hora, num congresso, num acampamento onde o clima é propício para testemunhos. Bem outra é viver décadas carregado de limites, mas buscando sempre o bem de todos, e pensar cada dia menos nos próprios interesses. *Sem abnegação, afirmação alguma merece crédito.*

***

Neste mundo nem sempre há um Procon[1] que examine a autenticidade do produto oferecido, mas, em matéria de fé, existe, sim, um "Procon de Deus". É melhor que sejamos quem dizemos ser, se o fazemos diante de milhões de olhos e ouvidos. Haverá, um dia, cobranças por esta ousada exposição de si mesmo. Jesus podia perguntar: "Quem de vós me arguirá de pecado?" (Jo 8,46). Nós não podemos! Nem faz sentido perguntar!

Na minha infância passou por nossa cidade um circo com o palhaço "Zé Teimoso", que imitava um brinquedo muito em voga entre as crianças: o João Teimoso. Até o fim do ato ele nunca se aprumava. Também nunca ficava no chão. De repente, desengonçado, tropeçava e caía, levantava e tornava a cair. Mas terminava o ato em pé, enquanto ao redor os outros caíam para não se levantar. Somos um pouco como o "Zé Teimoso" daquele circo. À maneira do brinquedo, teimamos em não ficar de cara no chão.

Santos, porque relacionais

Alguém pode querer ser santo, mas se, por acaso, sonhar com a própria canonização, como já se ouviu de alguns pregadores deslumbrados, como candidato perde pontos preciosos. Querer a santidade é louvável; querer a glória dos altares é, no mínimo, estranho! Só atingirá a santidade, sempre dentro dos limites humanos, aquele que viver o seu chamado com humildade e souber mostrar-se pessoa relacional. A relacionalidade faz o santo. Não confunda relacionalidade com relativismo. Ele entende de absoluto e de relativo

---

[1] Fundação de Proteção e Defesa do Consumidor, vinculada à Secretaria da Justiça e da Defesa da Cidadania do Estado de São Paulo.

e sabe a diferença, mas entende também de relacionamentos e sabe vivê-los.

Caso viva longe do burburinho da cidade, ainda assim o consagrado terá que se relacionar. Por mais isolada que seja sua ermida, é chamado a fazer preces de intercessão pelo mundo que deixou. Terá que se ligar mais à salvação dos outros do que à própria. Se condenava o mundo e o odiava, não era santo! Se via pecado nos outros e não os admitia em si mesmo, parecia, mas não era santo! Se diz ou canta que quer amar "somente" a Deus, é sinal que ainda não entendeu o que é ser santo!

O santo não ama somente a Deus, como quer uma canção muito executada no rádio e nas Igrejas de agora. Ele não pediria isso, porque entende a doutrina de Jesus, que sempre inclui o amor ao próximo. Para Jesus, os dois mandamentos que resumem toda a lei eram semelhantes. É impossível um sem o outro. Devo amar a Deus sobre todas as coisas e ao próximo como se ele fosse eu mesmo (Mt 19,19).

Deus chama a todos para a santidade. O indivíduo que se proclama convertido a Deus responde-lhe. Mas a santidade não está apenas no chamado; só se concretiza quando há uma resposta. Saberemos se alguém é uma pessoa de Deus não pelo que disser, mas pelo que fizer pelos outros e em defesa dos outros. Se apenas amar, orar e adorar a Deus, não terá feito o suficiente (Mt 7,15-23; 25,31-46).

> Só é santo alguém que mantém laços e busca relações com Deus e com os irmãos, com quem espera ir para Deus. Sua santidade não pode ser um fato isolado, um voo solitário.

Nem todo aquele que diz "Senhor, Senhor" se salvará. Jesus diz que, só pela capacidade de falar bonito de religião, orar bonito, estar ensopado de religião, só por estes sinais não reconhecerá alguém como seu discípulo, mesmo que tenha expulsado demônios e curado pessoas (Mt 7,15-23). O discípulo será santo se souber, no mais aceso da luta pelos outros, viver o perdão e a solidariedade para com todos, inclusive para com aqueles que ele se vê obrigado a denunciar. O justo anuncia com amor e denuncia sem ódio:

> Eu, porém, vos digo: amai a vossos inimigos, bendizei os que vos maldizem, fazei bem aos que vos odeiam, e orai pelos que vos maltratam e vos perseguem; para que sejais filhos do vosso Pai que está nos céus (Mt 5,44-45a).

Capítulo 4

SABER POR QUE SE VAI

Não adianta ir ao povo quando não se sabe por que se vai a ele. Sem sociologia, pedagogia, psicologia, antropologia, história e teologia não se vai direito... Quem sabe ler tem a obrigação de buscar mais informação. Àquele a quem mais se deu, mais se pedirá contas.

Jovens que sabem o que querem

Francisco, aos vinte e seis anos, Clara, aos dezoito, e centenas de outros santos e santas foram questionados sobre sua escolha de viver na pobreza e a serviço do Evangelho. Pareciam jovens demais para isso! Francisco, nem tanto! Convertera-se em idade suficiente para estar casado e ser pais de alguns filhos. Casava-se jovem naqueles dias. Se não era jovem para casar-se, não o era para ser totalmente de Deus e do seu povo!

De Tomás de Aquino afirma-se que a família o prendeu em casa, na esperança de que não se fizesse religioso. Ser do clero pobre não lhe daria *status*. Teriam concordado, se fosse do clero condecorado e ligado à elite. Pobre, não repercutiria! Mas Santo Tomás repercute até hoje com sua inteligência privilegiada e sua humildade encantadora. Foram milhares os que tiveram conflito com a família por causa de sua fé em Cristo. Jesus o havia predito (Mt 10,22; 24,9). Mas todos tiveram que resolver o conflito sem ódio e sem mágoa. Não seriam santos, se a ruptura tivesse sido raivosa ou alienada.

Testemunho ou fuga?

Não há como negar que muitos rapazes e moças, na verdade, estão é fugindo de casa e da vida ao aderir a grupos religiosos radicais. Nem todos respondem ao céu e nem sempre é de lá que vem o chamado. Sabem disso os psicólogos. Por mais que insistam que Deus os quer longe dos pais e da família, o tempo se encarrega de provar que foi entusiasmo imediatista e fuga. Em alguns casos é histeria, distúrbio mental. Os bispos do Brasil, como tantas vezes no passado, reuniram-se outra vez em 2009 para discutir a formação do clero. Documentos profundos e exigentes lembram que, em muitos casos, jovens inidôneos estão buscando o púlpito e o altar e conseguem chegar lá sem ter suficiente equilíbrio afetivo.

Fundadores, bispos, superioras e reitores precisam estar atentos, porque nem tudo que parece santo, santo é! O exibicionismo e o *status* entre as massas podem ser enorme fonte de atração para alguns jovens sem os pés no chão. Serão reverenciados e vistos como líderes, santos e santas. Fazem enorme teatro diante de microfones e câmeras; até cabeça torta se vê. Mas a verdade é que, *quanto mais torta a cabeça, mais tortas são as ideias do novo santo*; vale dizer: estereótipos, em geral, enganam.

Alguns deles dizem com enorme facilidade que Jesus lhes falou, quando na verdade Jesus nada lhes disse! Lembram Jeremias 14,14. Também no tempo do exigente Jeremias havia batalhões de jovens tidos como piedosos que buscaram o *status* de profetas, dizendo em praças públicas que Javé lhes dissera o que Javé jamais falou. O texto é contundente:

E disse-me o Senhor: "Os profetas profetizam falsamente no meu nome; nunca os enviei, nem lhes dei ordem, nem lhes falei; visão falsa, e adivinhação, e vaidade, e o engano do seu coração é o que eles vos profetizam".

Portanto, assim diz o Senhor acerca dos profetas que profetizam no meu nome, sem que eu os tenha mandado, e que dizem: "Nem espada, nem fome haverá nesta terra: À espada e à fome, serão consumidos esses profetas" (Jr 14,14-15).

Mas isso de parecer vidente e revelado dá aura de ungido e de santo. É essencial saber quem está lá para servir e quem está para ser reverenciado como pessoa especial, a quem Deus confia segredos. Pensavam isso de Jesus e estavam errados. Pensavam o mesmo de Francisco e estavam errados. Mas, sobre muitos outros, os irmãos estavam certos. Os novos santos não eram tão santos como fingiam ser. O que hoje alguns passam como revelações do Espírito Santo, no tempo do Padre Dehon outros passavam como revelações do Sagrado Coração de Jesus. Não eram revelações ontem e não o são hoje!

Falaremos ainda desse tipo de espiritualidade exibicionista que tanto mal tem feito à Igreja!

Conflitos solucionáveis

Há os verdadeiramente tocados por Deus. Estes, de fato, são chamados a viver pelos outros. Em alguns casos, a família nem sempre entende sua partida. Dói no coração dos pais. Em certas situações, o filho estava certo: Deus o chamava, o povo precisava. Mas não nos excedamos em louvores a todo jovem que deixa os pais. Na maioria das vezes, os pais estão cobertos de razão ao dizer que seu filho não está pronto. Há o momento de sair de casa e deixar tudo e há um jeito de fazê-lo. Quem o faz deve provar que sabe o que está fazendo, porque, em muitos rompimentos, o que existe é uma louca liberdade e ânsia de mudar de vida, repercutir e ganhar os holofotes. Nem sempre é amor pelo povo de Deus. Vi esta cena centenas de vezes. Era fuga!

A oposição do pai

Não foi o caso de Leão Gustavo Dehon, o nosso biografado. A sua, foi uma atribulada e sofrida carreira. O pai, Julio Dehon, o queria advogado, mas Leão Gustavo queria ser padre. Estabeleceu-se o conflito, que não foi pequeno. O rapaz tinha um bom relacionamento com a mãe. Com o pai, o trato era de respeito, mas nem sempre de sintonia. Dizem os seus biógrafos que, por um tempo, o pai armou-lhe acirrada oposição. Achava o filho jovem demais para escolher uma vocação tão controvertida e tão em baixa na França daqueles dias.

Esperava melhor futuro para um Dehon! O filho consideraria! Vida clerical não era uma boa carreira. Era o que o senhor Julio pensava. O que faz um padre além de batizar, falar para mulheres e sepultar os velhos? Que relevância social tem um sacerdote? A verdade é que os padres andavam em baixa naquela região da França, como andam hoje em muitos lugares da Europa e do mundo. Deslizes aqui e acolá e um marketing negativo causam enormes estragos na Igreja!

***

Mais tarde, o padre e escritor Leão Dehon, quase concordando com o pai, tocaria em cheio no assunto! Pregação e comportamento isolacionista, padres carreiristas, acomodados, homens socialmente desajeitados e fora da realidade davam a impressão de que o sacerdócio era mais fuga e acomodação do que compromisso de quem dá a própria vida pelo povo! Tinha deixado de ser um ideal elevado. As pessoas quase não iam à missa, posto que os pregadores não convenciam a classe à qual Julio Dehon pertencia. Para o senhor Dehon, filho seu querer esse caminho era perda; não fazia sentido! Filho advogado teria futuro, mas... filho padre? Faria o quê?

Se o povo assim pensava é porque milhares de padres assim agiam. Não entrara na cabeça de grande parte do clero que a Igreja deveria influir na vida pública e atuar lá, onde se fazem leis, ou onde se busca uma nova ordem social. "Padre não é para isso!" Mas é!

Padres socialistas?

Como acontece ainda hoje em algumas dioceses e paróquias, era difícil achar um padre que anunciasse a justiça social e lutasse pelos direitos humanos. Não se pregava sobre estes assuntos do mundo... Separavam a mesa de Deus da mesa dos pobres. Brigava-se pelo direito de orar, mas não pelo direito de ter o que comer. Uns poucos ligavam a Eucaristia à justiça social. *Pão dos anjos, pão dos homens, pão em todas as mesas*, não era canção que se cantasse num templo daqueles dias...

Também naqueles dias em que muitos sacerdotes se limitavam a orar e a administrar sacramentos, sem jamais se envolver com os problemas sociais, a ideia, entre o povo, era a de que os padres não queriam mudanças. Estavam mais com os ricos e a classe média do que com os pobres e os trabalhadores. A situação política, como estava, servia a eles. Mudar o que e para quê?

***

Padre Dehon, advogado e sociólogo, aos 45 anos, veria e combateria exatamente o que pessoas como seu pai Julio Dehon combatiam: sacerdotes tíbios, frouxos, sem tutano, incapazes de tomar posições políticas em defesa do povo, apressados em comer bem nas casas dos ricos, mas pouco vistos onde se esperava alguma coisa deles; rápidos em fazer amigos com *status* social e com dinheiro e bem mais lentos na hora de fazer amigos entre os pobres e os simples. Com tantos homens de Deus refugiados na sacristia e incapazes de levar adiante um discurso político de quem conhecia as dores e os perigos do seu tempo, era de se esperar aquela reação. Assim mesmo, o rapaz Leão optou por ser padre. O tempo responderia!

Perdoe-me, pai, a decisão é minha!

No começo não estava claro para o jovem Leão que tipo de padre ele seria. Mas, certamente, não buscou o conforto. Se não foi ser padre com a definida intenção de agitar e esclarecer os pobres e os trabalhadores, o tempo o levou aos poucos a optar por este caminho. Viu sofrimento demais para continuar no caminho do burguês que não mexe um dedo em favor de mudanças e até põe a mão na boca para não falar demais de problemas sociais. Sem cair no excesso de política e de partidarismo, mas sem fugir de temas candentes para uma sociedade exasperada e desesperadamente carente de mudanças, Leão Dehon mostrou a que viera. Mas isso se daria alguns anos mais adiante. Naqueles dias de rapaz, o que ele queria era viver a sua fé como jovem e, logo que fosse possível, como sacerdote. Nenhum ideal vem da noite para o dia.

***

O olhar pousado no amanhã deu sentido, em dado momento, à resposta do rapaz: "Desculpe, pai, mas esta é uma decisão minha!". Por conta do sonho do pai, Leão tivera que ouvir umas poucas e boas. Tanto fizera o senhor Júlio que o rapaz fora se formar em Direito. Jovem ainda, aos 21 anos, apareceu com o diploma nas mãos e disse, mais ou menos, estas palavras: "Eu fiz o que o senhor queria. Agora, vou buscar o que meu coração quer". Tal pai, tal filho! O velho Julio, quando queria uma coisa, queria porque queria! O rapaz também não era de desistir dos seus sonhos. Adiou, mas não esqueceu.

Seria sacerdote católico e enfrentaria as controvérsias de ser católico numa sociedade adormecida para a fé. Afinal, ontem como hoje entrar para a Igreja Católica é entrar para uma Igreja controvertida.

Em nosso país, não vê quem não quer. A Igreja que mais reage e mais fala sobre a questão dos direitos humanos, que mais entra em conflito com os que aprovam aborto, manipulação de embriões, com os que esmagam a vida e, por isso mesmo, a Igreja, e que tem tido maior número de mártires, é a Igreja Católica. Nos últimos cinquenta anos, a partir dos anos 1960, não poucas vezes os católicos entraram em confronto com governos e movimentos que ferem os direitos humanos.

Não admira que a maioria das manchetes negativas mire na nossa direção. Às vezes, temos culpa. Às vezes é o preço que pagamos por denunciar alguma grave injustiça social. O jovem Dehon pagaria várias vezes este preço.

Meu testemunho pessoal

Uma Bíblia na mão e uma cruz no meu peito me dizem, todos os dias, o que houve com Jesus no Morro do Calvário. Morreu crucificado porque falou. Carrego-as no carro e tenho-as no quarto. O crucifixo estilizado, porque de traços suavizados, eu levo no peito e no dedo anular esquerdo. São para lembrar que devo suavizar a cruz dos outros e pensar cada dia menos em mim. Isso não significa que o tenha conseguido. É projeto de vida e é meta.

Agora mesmo, aos 69 anos, dados os sintomas, fui avisado que deverei tomar mais cuidado com a saúde, porque sou filho de mãe diabética. Os problemas de dezoito anos atrás, resolvidos com uma cirurgia, ameaçam voltar. Nem por isso abandonarei os compromissos. Pode-se tomar cuidado consigo sem deixar de cuidar dos outros. A cruz no peito, vazia e sem o coração que já foi dado ao povo, cruz de traços suaves, é para lembrar meu papel de Cireneu. Jesus foi ajudado, enquanto ajudava. Foi assim que ele salvou a humanidade: numa cruz que certo Simão de Cirene ajudou a levar.

Não adoro a cruz; adoro não um crucificado qualquer, mas "O" crucificado que depois ressuscitou. A cruz não é para dizer onde ele está e, sim, onde esteve e o que fez pela humanidade. Não tenho o menor constrangimento de usá-la, e quando algum irmão mais aguerrido e dono da verdade, fiel de outra Igreja com outros enfoques, me questiona, exijo respeito, da mesma forma que respeito os símbolos dele. Ninguém procura a própria cruz, uma vez que é bem mais fácil jogar cruzes nos ombros alheios. A mística do Padre Dehon era clara: não procurar, mas assumir as cruzes que viessem.

São raros os dias em que, diante de alguma cruz que vivo, ou das cruzes de quem amo e a quem sirvo, não penso também em Leão Dehon e nas suas frases: "Jesus não se crucificou. Deixou-se crucificar"... A mística da cruz fez parte do cotidiano dele. Mas, ensina ele, não se deve procurá-las. Assume-se a cruz de cada dia. A nossa e a dos outros que nos pedem socorro, ou que vemos carentes e sofridos.

Minha cruz sem coração

A cruz dehoniana

Há mais a ser dito sobre a "cruz dehoniana". Nós, os dehonianos, assim chamados porque seguimos a catequese do Padre Dehon, que se funda no coração libertador e salvador do Cristo, a partir do centenário da congregação, em 1978, adotamos, no mundo inteiro, a cruz que se tornou característica nossa. Há milhares que a usam por acharem-na estilizada e bonita, mas grande número deles não sabe que sentido lhe damos. Muitos de nós a chamamos de *cruz reparadora* mas cada religioso dehoniano tem liberdade para fazer a sua própria exegese deste sinal que levamos ao peito. Nem todos o levam, porque entre nós não é exigência. Um dehoniano terá outros sinais a caracterizar a sua opção pela vida de oblação e de reparação.

Como o *tau* identifica os franciscanos, a *cruz reparadora*, também chamada *dehoniana*, nos identifica. Outros grupos adotam outros sinais. Um dia, um jovem casal, no Aeroporto de Congonhas, quis saber de mim o que aquela cruz no meu peito, com um buraco em formato de coração, significava. Expliquei: "Disseram bem! Nossa cruz tem um buraco no centro em forma de coração. Tem as arestas suavizadas. Foi desenhada por um jovem e nossos sacerdotes de Stegen, Alemanha, o adotaram. Eu a divulguei em minhas obras, pus em capas de livros e CDs, e uso-a pelo Brasil e por alguns países aonde vou. Outros irmãos meus a adotaram e a divulgam em seus países. Cada qual lhe dá um significado reparador mais adequado. Para mim, quer dizer que Jesus ressuscitou e seu coração não está mais crucificado; está no meio de nós".

"A cruz, ainda é sinal", prossegui, "mas Jesus não está mais crucificado. Há, porém, milhões de outros irmãos nossos crucificados de mil maneiras. Cabe a nós aparar as arestas das cruzes que levam. Enfim, mesmo que não possamos tirar alguém totalmente dela, somos chamados a suavizar a cruz dos outros. Não pomos ninguém na cruz. Tiramo-lo de lá!".

Foi mais ou menos o que eu disse. Percebi que gostaram. Disse ela, olhando-o nos olhos: "Amor, a gente poderia trazer esta espiritualidade para o nosso casamento!". Ele concordou. Prometi enviar e enviei duas pequenas cruzes reparadoras ou dehonianas e um livreto da nossa província dehoniana para explicar nossa espiritualidade.

Não acho que seja um símbolo melhor do que as outras cruzes que vejo. Para nós, porém, ela lembra essa mística. O Coração de Jesus não está mais sangrando, nem crucificado. Mas está ali, onde alguém ainda sofre martírios. Cabe a nós levar a ele a esperança de que, um dia, também seu coração não estará mais crucificado. *Um buraco em forma de coração será a lembrança de uma dor que foi vencida!*

Uma Bíblia e uma cruz

Uma Bíblia na mão e uma cruz no meu peito
São dois jeitos, são sinais;
Sinais a dizer que há caminhos perfeitos:
É questão de segui-los,
São caminhos de paz!

No peito uma cruz e uma Bíblia nas mãos
E no coração um sonho teimoso:
Gritar mil verdades de libertação
E, por mais difícil que seja,
Servir o teu povo e seguir tua Igreja!

Eu creio no gesto e no verbo também
E no Deus que vem mostrar mil caminhos
Eu creio em lutar por justiça e perdão
E por mais difícil que seja,
Servir o teu povo e seguir tua Igreja!

(Pe. Zezinho, scj)

Capítulo 5

SABER PERDER, SABER VENCER

O Leão que sabia perder

Ainda sobrevoando o terreno em que Dehon pisou e revendo sua história e sua mística, vejo um jovem e, mais tarde, um adulto disposto a perder na hora para vencer depois. Na verdade, ele nunca se imaginou um rompedor de barreiras. Era mais do tipo riacho, que sabe como rodear as pedras. Prosseguia no seu teimoso discurso libertador e reparador. Era gentil demais para ser um rompedor iconoclasta e decidido demais para esconder-se num discurso cheio de talvez e quem sabe! Denunciou com coragem, e sem ódio, mas também sem medo. Punha o dedo na chaga!

Releio tudo o que aconteceu com ele e procuro entender seu sonho de "um coração para amar, um corpo para, se necessário, sofrer, e uma vontade para, se preciso fosse, oferecer em sacrifício". Não tinha que ser tudo como ele queria. E não foi! Deu-se o mesmo com Jesus, que também pediu ao Pai que, se possível, afastasse aquele cálice. Não obstante, a cruz aconteceu! (Mt 26,39). Mas é bom que lembremos o que ele disse: "Faça-se a tua e não a minha vontade" (Mt 26,42).

Não faz muito tempo um jovem e deslumbrado sacerdote – os deslumbrados felizmente são minoria – pregava na televisão que Jesus veio ao mundo para morrer na cruz! Que trágico! Acrescentou que ele abraçou alegremente a sua cruz que nos salvaria. Que ingênuo! O Filho não se encarnou para ser crucificado. Veio para nos mostrar o Pai e o caminho da fraternidade e da justiça. A cruz foi acidente e não projeto! Não a procurou, mas, quando ela aconteceu, não fugiu dela. Também não a abraçou sorrindo! Padre Dehon lembrava isso. Jesus não se crucificou, mas não fugiu da cruz em que o puseram. Repercutia o que o próprio Jesus dizia: "Não vos inquieteis, pois, pelo dia de amanhã, porque o dia de amanhã cuidará de si mesmo. Basta a cada dia a sua tribulação" (Mt 6,34).

Profeta de verdade

Já falamos a respeito: brincar de santo, de vidente e de profeta é fácil. Com esquemas de marketing ao redor, fica ainda mais fácil. Nos dias de hoje, há centenas de profetas fabricados pela mídia religiosa, tanto quanto há centenas de ídolos que, à força de aparecer nas telas ou falar no rádio, se tornam onipresentes. São lembrados não pelo que dizem, mas porque são vistos sete a dez vezes por semana. Se alguém perguntar aos seus fãs quais os ensinamentos e os textos mais marcantes deles, não saberão dizer. Funciona muito mais a simpatia do que a sabedoria. As pessoas passam a crer que estão diante de um profeta, quando na verdade estão diante de um ídolo fabricado, que aceitou o papel a ele oferecido... Os analistas de mídia, entre eles Jean Baudrillard, dissecam o fenômeno *ídolos/mídia*, do qual não escapam nem pregadores católicos nem evangélicos, como excrescência mais do que crescimento. O mensageiro acaba maior do que a mensagem...

***

Quem ler o *Sermão da Sexagésima*, do Padre Antonio Vieira, verá que, já em 1645, preocupavam aos pregadores mais vividos as ousadias dos profetas e pregadores de pouca sabedoria e de ainda menor conteúdo, sem argumentos, mas de muita persuasão. Naquele tempo não havia o que hoje se entende por marketing, mas o Padre Antonio Vieira lembrava o perigo que há em pregar "palavras de Deus sem pregar a Palavra de Deus". Trechos de Bíblia usados de maneira oportuna e ao acaso podem ser palavras de Deus, mas estão longe de ser "A Palavra de Deus"!

> Este é o mal. Os pregadores de Deus pregam palavras de Deus, mas não pregam a Palavra de Deus... (Padre Antonio Vieira, *Sermão da Sexagésima*, IX).

Diferente é a atitude de quem não procura, mas assim mesmo é procurado. Quase não aparece, mas, quando isto acontece, repercute; tem o que dizer e o diz sem medo de dizê-lo. Voltemos ao erudito Antonio Vieira:

> O pregador há de saber pregar com fama e sem fama. Mais diz o Apóstolo: "Há de pregar com fama e com infâmia. Pregar o pregador para ser afamado, isso é mundo: mas infamado, e pregar o que convém, ainda que seja com descrédito de sua fama?", isso é ser pregador de Jesus Cristo.
>
> Pois o gostarem ou não gostarem os ouvintes! Oh, que advertência tão digna! Que médico há que repare no gosto do enfermo, quando trata de lhe dar saúde? Sarem e não gostem; salvem-se e amargue--lhes, que para isso somos médicos das almas. Quais vos parece que são as pedras sobre que caiu parte do trigo do Evangelho? Explicando Cristo a parábola, diz que as pedras são aqueles que ouvem a pregação com gosto: *Hi sunt, qui cum gaudio suscipiunt verbum.* Pois será bem que os ouvintes gostem e que no cabo fiquem pedras?! Não gostem e abrandem-se; não gostem e quebrem-se; não gostem e frutifiquem. Este é o modo com que

frutificou o trigo que caiu na boa terra: *Et fructum afferunt in patientia* conclui Cristo. De maneira que o frutificar não se ajunta com o gostar, senão com o padecer; frutifiquemos nós, e tenham eles paciência (Padre Antonio Vieira, *Sermão da Sexagésima*, X).

Padre Dehon fez isso. Foi lá e participou, mas não ia somente para aparecer. Frequentou muitos congressos mesmo não tendo sido chamado a falar. Anotou, escreveu, repercutiu o que vinha dos outros. Jamais pensou que, no futuro, seus discípulos adotariam uma cruz para explicar sua pregação. Sua profecia, contudo, caminhou nessa direção:

Cuidem das dores do povo. Joguem seu coração no meio do povo. Tratem de ir lá onde o povo mora e sofre. Não vivam em redomas e em sacristias. Mais do que chamar os fiéis para seus acampamentos e casas, tratem de ir lá onde o povo está. Procurem o povo! Preguem o céu, mas não se esqueçam de falar dos problemas deste mundo. Mesmo que não tenham respostas, procurem-nas, com o povo. Ele sofre. A opressão vem de todos os lados. Defendam o povo. Especializem-se nisso!

As leituras dos seus inúmeros livros lembram essa catequese: *ir ao povo, porque o povo sofre!* São ideias que transparecem dos escritos dele.

***

Um dehoniano que jamais entrasse numa favela, num hospital público, que jamais fosse a uma periferia, que fosse visto muito mais entre os ricos do que entre os simples, que nunca abordasse os problemas sociais e políticos do seu tempo, que não tomasse a defesa do povo, que se limitasse a orar e ensinar a orar, Padre Dehon certamente o repreenderia.

Voltemos ao que foi dito sobre santidade genuína! Jamais um verdadeiro discípulo de Leão Dehon cantaria:

"Quero amar somente o meu Deus"... "Eu e Deus e mais ninguém!"". Um cristão sempre inclui os outros no seu amor por Deus; ama a Deus e os que Deus ama. Ama os outros por causa do "totalmente Outro", diriam, no século XX, autores como Karl Barth, Karl Rahner, Fulton Sheen, Thomas Merton e centenas de outros escritores cristãos.

Páginas adiante reproduziremos um pouco do que se lê nos seus escritos a respeito de alguns sacerdotes do seu tempo. Dehon os questionava duramente por não irem lá aonde o povo sofre.

O verbo essencial era "amar". O transversal era "ir". Ele buscava a transversalidade. Não aceitava o tangencial da fé, o mais ou menos, o jeito de pingente de trem que, assim que o cobrador se aproxima, salta da composição, posto que viajava não dentro, mas ao lado. Vida de reparação ou seria compromisso ou não seria cristianismo!

Um rapaz mais ou menos rebelde

Existem adolescentes tiranos, jovens rebeldes e jovens mais ou menos rebeldes. Nem todos são revoltados. Entre nós, muitos pais, à vezes, classificam seus filhos como rebeldes, porque seus filhos nem sempre obedecem ou concordam com eles. Mas sabem a diferença entre o filho que tem raiva e odeia e o que às vezes se rebela contra suas ordens. Alguns filhos não conseguem discordar serenamente. Assumem ares de desafio e de rebelião. Com o tempo, mudam de atitude e tornam-se até filhos exemplares. Foi travessia tempestuosa, mas chegaram sem grandes danos. Não houve grandes rupturas.

Sem rupturas

Na biografia de Leão Dehon percebe-se que não houve ruptura. Ele era dócil perante seus pais e seus formadores. Já vimos como ele soube discordar, sem perder o respeito pelo pai. Quanto aos anos de colégio, seus biógrafos ressaltam como anos de estudo e de intensa espiritualidade. Seus formadores não tinham do que se queixar. Dehon sabia conviver. Mais tarde, também um dos seus bispos, Dom Thibaudier, tinha elogios à sua conduta de padre que ouvia a Igreja. Os incidentes que marcaram sua carreira, por posições que tomou e por escritos e pregações ousados e corajosos, foram todos contornados pela sua obediência. Dele ninguém poderia dizer que ouviu e fez de conta que não era com ele. Certamente não foi o filho da parábola de Jesus, aquele que disse que iria, mas não foi. Também nunca disse que não iria, mas foi (Mt 21,28-30). Leão Dehon era homem hierárquico. Obedecia!

O que é ser santo?

Hei de entrar em religião, evidentemente não para ser canonizado, mas para fazer-me santo com a ajuda divina, para melhor conhecer, amar e servir a Nosso Senhor, para dar ao meu sacerdócio de amanhã a atmosfera ideal em que eu possa expandir-me plenamente (do diário Padre Dehon).

Padre Dehon nunca sonhou com um túmulo numa catedral nem com a glória dos altares. Já tocamos nesta ascese do santo sem marketing... Para muitos, ser lembrado como pessoa santa será, talvez, um bom sonho, mas sonho que não tira a humildade, se, de fato, o postulante for alma pura e santa. Não o sendo, cai no ridículo. Naquele que busca honras e embarca num desenfreado marketing de si mesmo é impossível não perceber sinais de megalomania. No caso do Padre Dehon, não lhe cairia, como não deve ter caído mal, o sustar da sua beatificação no ano de 2005. Ele nunca procurou esta honra.

Nunca entenderemos os santos, se não tivermos ideias claras do que a Igreja Católica considera pessoa santa. Irmãos evangélicos, pentecostais e católicos costumam desentender-se por não captarem a ideia do que realmente a Igreja entende por santidade. Uma coisa é parecer santo e, como fazem os atores de novela, vestir caricatura e aparência de pessoa compungida, cabeça torta e olhos perdidos no infinito. Foi o caso dos fariseus a quem Jesus enfrentou diversas vezes (Mt 23,13-39). Sua caridade apequenada não traduzia o que demonstravam pelas esquinas. Assumiam o papel e a profissão de santos, mas não viviam em santidade.

Outra coisa é ser santo de verdade. João Batista chamou os aparentemente santos do seu tempo de "raça de víboras" (Mt 3,7). Jesus os descreveu como "sepulcros caiados" (Mt 23,27) e desmistificou suas preces e seus jejuns feitos para serem vistos e louvados como homens de Deus (Mt 6,5). Pareciam santos por fora, mas não eram santos por dentro. Adoravam aplausos, mesuras e elogios. Se, naquele tempo, entregassem medalhas de honra ao mérito e títulos com as chaves das cidades, eles as aceitariam todas, merecessem ou não! Gostavam demais das honrarias. Santos é que não eram! A fama, o aplauso, o dinheiro e as honrarias costumam ser o mata-burro dos pregadores tidos como santos. Tropeçam neste ou naquele vão.

Hoje, como naqueles dias, ser visto e elogiado como santo traz e dá projeção, além do que dá lucro. Quando acontecer, observemos o elogiado. Se nada daquilo o afeta, ele provavelmente é santo. Mas, se ele se delicia com aquelas homenagens e não perde uma chance de ser condecorado e aparecer como o profeta da hora, para a Igreja, santo é que não é. Caridade, humildade, serenidade, fraternidade, compaixão, valorizar o outro em primeiro lugar, fazer Cristo aparecer e ele diminuir, falar a verdade serena e forte, nem que lhe doa dizê-la, são características de alguém que está na mídia sem fazer média e no mundo sem ceder ao mundo (Jo 17,11-25)!

Sinais de santidade

O *Documento de Aparecida* (n. 383) aponta alguns sinais da presença de Deus numa pessoa ou numa comunidade:

1. assumir as bem-aventuranças numa vivência pessoal e comunitária;
2. promover a evangelização dos pobres;
3. querer conhecer e cumprir a vontade do Pai;
4. aceitar o martírio pela fé;
5. promover o acesso de todos aos bens da criação;
6. viver o perdão mútuo, sincero e fraterno;
7. aceitar com respeito o diálogo e a riqueza da pluralidade;
8. estar em permanente vigilância para não sucumbir às tentações do mundo;
9. não se dobrar ao pecado e não aceitar ser escravo do mal.

Diz ainda o documento:

> É tarefa da Igreja ajudar com a pregação, a catequese, a denúncia e o testemunho do amor e da justiça, para que se despertem na sociedade as forças espirituais necessárias e se desenvolvam os valores sociais. Só assim as estruturas serão realmente mais justas, poderão ser mais eficazes e sustentar-se no tempo. Sem valores não há futuro e não haverá estruturas salvadoras, visto que nelas sempre subjaz a fragilidade humana (n. 385).

Padre Dehon comungaria em plenitude com estas afirmações. O livro de Pe. João Carlos Almeida, scj, *Leão Dehon e a educação*, aborda com mais detalhes esta visão do Padre Dehon. A ideia de restaurar, reparar, renovar, refazer corações partidos e amansar sociedades empedernidas tocava-o cada dia e cada vez mais intensamente.

***

A medida da santidade é uma vida em Deus e pelos outros. A biografia do Padre Dehon atesta que ele viveu todas estas dimensões citadas pelo *Documento de Aparecida*. Seu amor foi de misericórdia. Primeiros lugares, imagens, pinturas, livros biográficos, figuras, elogios não afetam os santos que já estão no céu, mas podem afetar o "santo da terra" que, não poucas vezes, deixa que o marketing o torne maior do que realmente é. Os que fogem dos temas sociais, como se fossem prejudiciais para a fé, acabam fugindo de Cristo, que disse, claramente: "Em verdade vos digo que, quando a um destes pequeninos não o fizestes, não o fizestes a mim" (Mt 25,45).

Vidência e evidência

Os últimos papas, com seu enorme papel na cristandade, parecem ter feito bom uso da mídia moderna que promovia sua figura. Está claro nos seus pronunciamentos que devemos, sim, fazer uso da mídia e do marketing. Foi esse o teor do documento de João Paulo II, de 4 de junho de 2000, sobre a Ética nos Meios de Comunicação, e da Mensagem do 43º Dia Mundial das Comunicações de Bento XVI (24/05/2009). Documento após documento das Conferências Episcopais de todos os continentes acentuam que devemos aparecer e comunicar. Mas todos eles supõem o cuidado de que o façamos em estrita união com a Igreja.

Esses mesmos papas, enquanto apareciam e comunicavam, conseguiram ser cada qual quem realmente era. A proeminência não afetou suas eminências, chamados a portar o título de "Sua Santidade". Eles sabiam que não eram os santos que deveriam ser, mas entendiam que deviam ser os primeiros a buscar a perfeição em Cristo e na Igreja. Não haviam pedido isso. A Igreja o pedira deles. Não foram vistos a correr atrás de primeiro lugar nem de títulos. São assim os outros verdadeiros "santos" terrenos. Portaram-se bem os papas com relação à mídia. O mesmo se espera dos bispos, sacerdotes e leigos que eventualmente precisem estar sob os holofotes. Evidência faz bem a quem não brinca de vidente. Quem adora evidenciar-se, passando por revelado e vidente que não é, profeta que nunca foi, causa descrédito à causa do Evangelho!

Dehon era santo?

Dehon parece não ter buscado evidência. Levou vida ativa e, dizem os biógrafos, santa, porque altruísta e consagrada. Por "vida santa" entendemos a de alguém que buscou mergulhar, o tempo todo, no mistério de Deus (Lc 8,10; Rm 16,25) e, como consequência, no mistério da pessoa humana (Hb 2,7). Por santo entende-se a pessoa que soube ser menor que os anjos, menor do que os outros, que não se exaltou nem fez marketing de si mesmo, mas que buscou ser melhor a cada novo dia; alguém que promoveu os outros e se solidarizou com os pequenos e feridos (Mt 25,31-46); que lutou pela justiça do Reino (Mt 5,6; 6,33); que perdoou e pediu perdão.

Assim repercute Marcos: "E, quando estiverdes orando, perdoai, se tendes alguma coisa contra alguém, para que vosso Pai, que está nos céus, vos perdoe as vossas ofensas" (Mc 11,25).

Se alguém aceita ser corrigido, mas tem a coragem de corrigir e de servir (Jo 13,14), e nunca perde de vista o projeto de Deus para ele e para os outros, este alguém pode ser chamado eleito, selecionado, sancionado, escolhido, santo. Se santo é isso, então Dehon foi santo.

A palavra *sanctus* vem do verbo *sancire* e significa: "aprovado, selado, passou no teste"! Conhecemos os verbos sancionar, selar, carimbar. Dizer que alguém é santo é afirmar que passou no controle de qualidade. Com ele, ou com ela, o Evangelho deu certo!

Deu tudo certo com ele?

Acertou? Sim! Em quase tudo o que disse e prognosticou sobre o já saliente capitalismo industrial e o nascente socialismo. Nisso, Dehon acertou. Errou? Dizem os adversários que sim, quando foi peremptório no que disse, de viva voz e nos textos que escreveu, sobre alguns opressores do seu tempo, embora seu pensar traduzisse o pensar dos defensores da *Democracia Cristã* da época. Acusam-no de seus escritos terem deixado entrever que os erros de uns poucos eram erros de toda uma comunidade. Citou nomes, mas também generalizou. Não havia, até então, acontecido a *Shoah*, o *Holocausto*, que quarenta anos depois sacrificaria milhões de judeus inocentes, por conta do ódio dos nazistas contra os hebreus da época.

O mundo não tinha a sensibilidade que hoje tem com relação a questões raciais ou étnicas. Com Hitler e a crueldade do nazismo, do comunismo e de outros nacionalismos que, literalmente, massacraram países e povos, etnias e grupos humanos, as religiões e as correntes políticas contrárias, o mundo se deu conta de que há discursos que, mesmo não sendo incendiários, podem acender velas que amanhã acenderão estopins.

Santos militantes

Outros homens de religião, sinceros e até declarados santos, também foram polêmicos. Hoje, nem tudo o que disseram pode ser aceito na íntegra. Os leitores de História da Igreja, de Patrologia e de teólogos e biblistas famosos conhecem alguns textos que, hoje, certamente precisariam ser corrigidos. Os professores os indicam para estudo, mas não assinam embaixo daquele conteúdo. Nem por isso negam a santidade de homens como Jerônimo e Bernardo. Jerônimo usou de termos duríssimos contra Agostinho, que dele discordara. Mais tarde se entenderiam. Mas a ofensa estava feita, e por escrito. Era um severo polemista que não escolhia adjetivos nem adversários. Apesar de seu áspero temperamento, é visto como santo. Seus valores superaram seus defeitos. Não há santos perfeitos.

Agostinho foi um poço de sabedoria e, certamente, um bispo virtuoso e penitente, mas a Igreja não subscreve tudo o que, naquele tempo, ele disse sobre as mulheres e sobre o Batismo de crianças, uma vez que, hoje, sobre esses temas, não pensa como ele. Isso também vale para Jerônimo, que, mesmo tendo sido um prodígio de erudição, cultura e penitência, em seus escritos revela uma misoginia extrema, expressando opiniões sobre a sexualidade e a mulher que, atualmente, a Igreja não admite. Mesmo assim os considera santos porque reconhece suas outras virtudes.

No livro *O vestido das mulheres*, Tertuliano chama a mulher de *o portal do demônio*, e chega a dizer às mulheres que, por culpa delas, até o Filho de Deus teve que morrer. Agostinho afirmava que a única função das mulheres era dar à luz e que elas transmitiam o pecado às gerações seguintes, como se fosse uma doença venérea. Em *O significado literal do Gênesis*, IX, v. 9, disse o filósofo Agostinho que, se a questão era uma boa companhia e se era de conversa que Adão precisava, teria sido melhor Deus criar dois homens amigos e não um homem e uma mulher! Bernardo de Claraval foi outro polemista que ia aos extremos no seu combate ao que não lhe agradava. É santo!

***

Nos dias de hoje eles teriam que se retratar perante os bispos que assinaram o Concílio Vaticano II. Mas ainda são santos e admiráveis, porque santo não acerta em tudo; ele também paga o preço de preconceitos e pensamento imperfeito. As outras virtudes de Agostinho o salvam perante a opinião de hoje, inclusive das mulheres. Com maturidade, elas riem e lhes dão o desconto de serem filhos e frutos de uma época misógina. Poderiam acrescentar: excessivamente masculina!

Profeta pró-democracia

Chamemos Leão Dehon de "profeta pró-democracia", em favor do povo pobre e dos direitos humanos. Desde os primeiros anos de seu ministério elevou a voz em prol dos direitos humanos e nunca baixou o tom. Queria uma sociedade misericordiosa, justa e compassiva e denominou-a "Reino do Coração de Jesus". Não criou o termo. Divulgou e popularizou. Propunha corações novos para um mundo renovado, inspirados no coração de Cristo. No seu tempo, em *Filosofia da miséria*, o anarquista Joseph Pierre Proudhon propunha também um homem novo, solidário, sem aprisionamentos sociais ou políticos. Padre Dehon, porém, inspirava-se em Paulo e Ezequiel:

> E lhes darei um só coração, e um espírito novo porei dentro deles; e tirarei da sua carne o coração de pedra, e lhes darei um coração de carne (Ez 11,19).

> Lançai de vós todas as vossas transgressões com que transgredistes, e fazei-vos um coração novo e um espírito novo; pois, por que razão morreríeis, ó casa de Israel? (Ez 18,31).

Romanos 6,6 e Efésios 4,22 também traduziam o conceito de homem velho e homem renovado. Leão Dehon não imaginava um país renovado sem pessoas renovadas. Mas o modelo seria Cristo e o roteiro, o homem novo de Paulo de Tarso: alguém tomado pela graça (Ef 3,17-19; 4,22; 6,6). Inspirado nessas ideias, fez política e pregou penitência, solidariedade e santidade pessoal.

Para que Cristo habite pela fé nos vossos corações; a fim de, estando arraigados e fundados em amor, poderdes perfeitamente compreender, com todos os santos, qual seja a largura, e o comprimento, e a altura, e a profundidade. E conhecer o amor de Cristo, que excede todo o entendimento, para que sejais cheios de toda a plenitude de Deus (Ef 3,17-19).

Deixai de viver como vivíeis antes, como homem velho que se corrompe com paixões enganadoras. É preciso que vos renoveis pela transformação espiritual da inteligência, e vos revistais do homem novo, criado segundo Deus na justiça e na santidade que vem da verdade (Ef 4,22).

Portanto, lembrai-vos de que vós, no passado, éreis gentios na carne, e chamados incircuncisão pelos que na carne se chamam circuncisão feita pela mão dos homens; que naquele tempo estáveis sem Cristo, separados da comunidade de Israel, e estranhos às alianças da promessa, não tendo esperança, e sem Deus no mundo. Mas agora em Cristo Jesus, vós, que antes estáveis longe, já pelo sangue de Cristo chegastes perto. Porque ele é a nossa paz, o qual de ambos os povos fez um; e, derrubando a parede de separação que estava no meio, na sua carne desfez a inimizade, isto é, a lei dos mandamentos, que consistia em ordenanças, para criar em si mesmo dos dois um novo homem, fazendo a paz, e pela cruz reconciliar ambos com Deus em um corpo, matando com ela as inimizades (Ef 2,11-16).

Profeta do verbo ir

Três verbos marcariam profundamente a vida de Leão Dehon. Estavam extremamente atrelados ao verbo amar. Eram eles: "ir", "anunciar", reparar"; também eram frequentes nos seus escritos os substantivos: "Reino", "Coração" e a expressão *Ecce venio*: "Eis que venho". Faziam parte da sua mística. Entre nós soariam como "Me chama que eu vou", "Conte comigo". De Samuel (1Sm 3,1-10) se lê que, quando ainda não conhecia o Senhor, ouviu um chamado que não compreendia. Naqueles dias ainda não se elaborara um conceito teológico de visão. Três vezes foi a Eli, pensando que este o chamava. Na terceira vez, Eli entendeu que era um chamado do céu. E ensinou o pupilo a responder: "Fala que teu servo escuta". Com o Deus que nos procura, com a nossa escuta e com o nosso sim, acontece a revelação.

No caso do Padre Dehon, seus biógrafos deixam claro que sua atitude era de escuta, de procura e de ação. O verbo ir não veio primeiro, nem por

> O verbo ir não veio primeiro, nem por acaso. Dehon não se fez missionário, sem primeiro ser bom discípulo.

acaso. Dehon não se levantou e foi. Primeiro leu, estudou, orou, ouviu, perguntou e, quando entendeu que era hora de ir, foi! Não se fez missionário, sem primeiro ser bom discípulo. Nos dias de hoje, aqui no Brasil a proposta é exatamente esta. O *Documento de Aparecida* (2007), dos bispos de toda a América Latina e do Caribe, traz a proposta de uma Igreja que escuta, observa, ora, estuda e vai: discípulos e missionários.

> Não se começa a ser cristão por uma decisão ética ou uma grande ideia, mas pelo encontro com um acontecimento, com uma Pessoa, que dá um novo horizonte à vida e, com isso, uma orientação decisiva (*Deus Caritas Est,* 1; DAp, n. 12).

A conversão do Padre Dehon vinha dos tempos de seminário, em Saint Sulpice. Procurou Jesus, e Jesus se lhe revelou aos poucos. Daí ao envio, foi questão de passos.

CAPÍTULO 6

CRUCIFICADO PELA MÍDIA

Notícia tendenciosa

Para nós, brasileiros e admiradores do multifacetado pregador e jornalista Padre Dehon, doeu a notícia de 2005, assinada por Gilles Lapouge, correspondente em Paris do jornal *O Estado de S. Paulo*. Ostentava o título "Bento XVI e o processo de canonização de Pio XII". Ao mencionar, sem dimensionar, o fato de que o Papa hesitara em canonizar Pio XII por seu alegado antissemitismo, ou por sua omissão no holocausto dos judeus, na terceira coluna, o periodista fala de "um padre francês do século XIX, um certo León Dehon, que era, na realidade, antissemita apaixonado". Como Leão Dehon estava na fila dos que seriam beatificados, dizia o jornalista: "... com a morte de João Paulo II, Bento XVI chegou justo em tempo de sustar o processo".

Nada mais dizia o jornalista. Notícia destrutiva e avassaladora. Assim, o leitor não foi informado sobre quem era realmente Leão Dehon: padre sociólogo, jornalista, advogado, escritor, diretor espiritual de sindicatos, batalhador incansável pelos direitos das famílias, das crianças e dos trabalhadores, fundador e diretor de revista, fundador da Congregação dos Padres do Sagrado Coração de Jesus, consultor da congregação romana do Índex, amigo pessoal de Leão XIII. Nada disso estava nos noticiários. Estava, apenas, assinado por Gilles Lapouge, famoso jornalista europeu, que o padre era um "antissemita apaixonado".

São daquelas notícias de duas linhas de jornal ou dez segundos de televisão que explodem como bomba sobre a cabeça da pessoa e de seus familiares, sem a menor chance de defesa... Explodiu sobre os dehonianos. Seríamos os herdeiros de um inimigo dos judeus? Verdade ou sensacionalismo?

Antissemita?

Os judeus são um povo muito falado e, em geral, incompreendido porque, apesar do que se diz sobre ele, continua mais difamado do que conhecido. Se não deixarmos que eles nos contem sua própria história, que é bem mais longa do que a nossa, não teremos o direito de contar a nossa, até porque nós viemos deles: os apóstolos foram judeus. E não esqueçamos os filósofos, os teólogos, os tecnocratas, os inventores que vieram deles. E é bom lembrar que as três grandes religiões do mundo, que atingem seguramente 2,6 bilhões de pessoas, têm sua raiz no mundo hebreu. E nunca é demais recordar que nós, cristãos, afirmamos que o Filho de Deus nasceu entre eles!

***

Temos para com eles a relação de irmãos mais novos que não pensam do mesmo jeito, mas que precisam respeitar quem veio antes. Eles nos respeitam pela história que o judeu chamado Jesus deixou de herança. Muito da moral cristã veio da moral judaica. Começa por aí!

O leitor entenderá melhor o que houve com o Padre Dehon e a questão judaica, quando conhecer o livro

Os judeus, o dinheiro e o mundo, do judeu Jacques Attali, com prefácio do Rabino Henri Sobel, admirado entre nós.

Transcrevo a introdução de Jacques Attali:

> Esta é a história das relações do povo judeu com o mundo e com o dinheiro. Não ignoro quanto este tema cheira a enxofre. Ele desencadeou tantas polêmicas e provocou tantos massacres que se tornou uma espécie de tabu, a não evocar sob nenhum pretexto, por temor de despertar alguma catástrofe imemorial. Hoje em dia, já ninguém ousa escrever sobre esse tema; como se séculos de estudos só tivessem servido para alimentar autos de fé. Por isso, por sua própria existência, este livro está ameaçado de originar mil mal-entendidos (p. 13).

Mexeu no vespeiro

O sociólogo e advogado Padre Dehon, em tempos delicados para a Europa, quando a questão financeira tinha – como tem até hoje – enorme peso nas relações entre os povos, ousou tocar no assunto. Fê-lo em 1903, quando não havia ainda acontecido a *Shoah*, ou o Holocausto. Feridos e perseguidos por séculos, proibidos de ser donos de terras ou outros bens, restou para eles algumas profissões, entre as quais a de comerciar com o dinheiro, posto que aos cristãos era vedada esta atividade. Não tinham liberdade para competir com os cristãos em outras atividades, mas, quando alcançaram sucesso no mundo das finanças, foram sistematicamente esmagados porque seu poder crescera. Outra vez acontecia com eles o que sucedera no Egito com o povo hebreu: proibidos de crescer, proibidos de ter sucesso, proibidos de vencer. Pode-se imaginar o que isto faz a um povo.

De repente, alguém da Igreja Católica faz afirmações que os judeus mais sensíveis interpretam como outra estocada contra eles! Pouco mais de cem anos depois, os judeus reagem. O padre cuja afirmação lhes parecia desrespeitosa estava para ser beatificado... O que sucedeu depois, todos já sabem. O nome do padre sociólogo, apesar dos méritos que tivesse, foi tirado da lista dos candidatos à beatificação. Roma achou oportuno não criar mais conflitos em tempo delicado para a Igreja, para os judeus e para o frágil equilíbrio Israel-Palestina. Não seria conveniente aos católicos pôr mais lenha na fogueira.

Também ele incompreendido

Será mesmo que os judeus conspiram para dominar o mundo? Estão certos os que escrevem contra o povo judeu, como se ele pretendesse ser hegemônico? Na esteira do "será-será", será mesmo que o padre sociólogo tencionava com suas conferências sociais orquestrar o ódio antissemita? Entrou em assunto tabu? Não seria também ele mais um incompreendido, por ousar tocar em tema que os próprios judeus consideram assunto tabu por conta dos massacres perpetrados contra eles?

A questão d'*Os judeus, o dinheiro e o mundo*, que o judeu Jacques Attali aborda no seu rico e detalhado livro, pode nos dar uma ideia de por que dói nos judeus a generalização. Ela sempre vem com cheiro de pólvora... Era isso que Dehon queria?

Sentença comprometedora

Doeu para a Igreja, doeu em nós, discípulos e admiradores do Padre Dehon, vê-lo citado fora de contexto e vermos espalhadas pelo mundo duas de suas frases comprometedoras, jamais as outras, nas quais ele elogiava e defendia o povo judeu e sua herança espiritual. Não foram mencionados o seu combate a um tipo de comportamento de um grupo de judeus e maçons influentes no seu tempo, sua luta contra o capitalismo selvagem daqueles dias, bem como sua oposição ao socialismo ateu e sem liberdade, que já se prenunciava ditatorial e feroz como veio a ser.

O sociólogo, jornalista, advogado, catequista, escritor e divulgador das semanas sociais, na virada dos séculos XIX e XX, um século depois, logo após 14 de maio de 2005, oitenta anos após a sua morte ocorrida em 25 de agosto de 1925, era outra vez crucificado pela distorção. O padre que chamava a atenção para os crimes contra a pessoa, contra a verdade e contra a sociedade por parte dos capitalistas, dos socialistas, da imprensa submissa a interesses poderosos e a grupos de dominação, pagava, mais uma vez, o preço de dizer o que pensava.

Mas tratava-se do sacerdote que um dia fizera voto de vítima e desejara, se preciso fosse, dar a vida pelo Reino de Deus. Deu mais do que isso. Pela coragem de falar, foi moralmente trucidado. Oito décadas depois da sua morte teve o nome riscado da fila de beatificação, por reação de quem até

Oito décadas depois da sua morte, teve o nome riscado da fila de beatificação, por reação de quem até hoje não aceita as suas denúncias. Foi ele o único padre a fazer isso? E o que dizer de santos canonizados que disseram pior? Por que só ele?

hoje não aceita as suas denúncias. Cometeu agressão contra todos os judeus ou referia-se a um grupo entre eles? Foi o único padre a fazer isso? E o que dizer de santos canonizados que disseram pior? Só ele? Por que só ele?

Santo e antissemita?

Isto nos leva a refletir sobre o que se entende por santidade. Quando Jesus falou duro e até narrou parábolas contra os fariseus, saduceus e escribas (Mt 23,13-39) do seu tempo, falava contra todos eles ou contra alguns? Dialogou ou não dialogou com alguns deles (Jo 3,1-15; 7,50-51)? Quando João Batista e, depois, Jesus apelidaram de raças de víboras (Mt 3,7; 12,34; 23,33) aos que impunham fardos insuportáveis nos ombros do povo, praticaram antissemitismo, ou simplesmente foram contra a corrupção de alguns dentre eles? Nem a vida nem a morte de Leão Dehon foram sem controvérsias. Ele nunca pediu vida tranquila. Não a teve!

Pareceu ou foi antissemitismo?

Voltemos e repassemos o episódio que, de certa forma, nos trouxe a este livro. Dehon não foi e ainda hoje não é compreendido. Se for reduzido a alguns episódios e a algumas frases, nunca o será. Mas isso acontece também com Pio XII, Pio IX, Bento XVI e dezenas de outros papas, bispos e santos escritores. Sabedor, hoje, do que causaria a sua afirmação registrada no livro *A Renovação Social Cristã*, fruto das Conferências Romanas de 1897-1900, ele certamente teria pedido desculpas e voltado atrás. É próprio dos honestos e dos verdadeiros profetas. O que ele afirmou sobre "O judaísmo, o capitalismo e a usura", em sua terceira conferência romana de 11 de fevereiro de 1897, publicada em quatro números sucessivos da revista *Le Règne du Coeur de Jésus*, abordava o "mal-estar social" do seu tempo.

Sua preleção começava com os dizeres:

> Hoje quero tratar da questão judaica.
> Talvez, havereis de me alegar que Leão XIII, nos seus documentos sociais, não fala dos judeus. Respondo que ele falou deles, ao menos indiretamente, ao estigmatizar todas as formas do capitalismo: a usura voraz, os abusos da indústria, a facção que domina todas as fontes de riqueza. Estas são as grandes obras dos judeus modernos.

O texto prossegue duríssimo contra os "crimes" dos judeus... E afirma que a Igreja não quer exasperá-los, tendo agido com prudência em relação a eles... Fala do "perigo judaico" e, embora reconheça seu passado glorioso, diz que eles "eram" o povo de Deus. Vai longe demais em suas considerações. Chega a dizer que é pouco lisonjeira a imagem que se tem deles: são tristonhos, fingidos e sujos... São vistos como usurários negociantes de roupas, de óculos e caixas velhas. Mostra o que se pensa dos judeus, mas corre logo em sua defesa, ao dizer que passaram séculos se defendendo e, em muitos lugares, não se lhes permitia nenhum outro trabalho além do empréstimo a juros. Maltratados, nem lhes era concedido frequentar os banhos, nem vender senão coisas usadas.

Gilles Lapouge ficou no lado negativo. Se fosse imparcial, citaria também os elogios que o Padre Dehon fez ao povo judeu. Dehon os reconhece como raça, povo de elite que sobreviveu, porque tem tutano e conteúdo. Cita os grandes pensadores e as grandes personalidades que surgiram deste povo. O texto, como um todo, ressalta a grandeza da raça! Mas é duro contra pessoas e grupos que, no seu tempo, passaram dos limites. Chega a dar nomes a eles.

A impressão que fica é que bate e depois acaricia. Se fôssemos judeus, hoje, não aceitaríamos este tratamento contra nosso povo. Um judeu advogado em São Paulo, a quem muito respeito e que muito nos respeita, dizia: "Você não gostaria que eu desfiasse os crimes dos católicos através dos séculos, entre alguns eventuais elogios. Nem nós temos razão de mostrar os podres dos católicos que nos deram tanta gente boa e compassiva, nem vocês podem mostrar o nosso lado mau. O que vai ficar é o lado mau, que todos os grupos humanos têm...".

Pregadores erram muito ou pouco, mas erram. Já dissemos isso. No dia 3 de março de 2009 os jornais estamparam a notícia de que Bento XVI voltara atrás, retirando a nomeação para bispo de um sacerdote que ele recém-nomeara. Permita-me omitir o seu nome. Aconteceu na Áustria. O sacerdote em questão dissera que os efeitos devastadores do furacão Katrina, que assolara uma região dos Estados Unidos e fizera tantas vítimas, era castigo divino. Foi o que bastou para sustar sua nomeação. O Papa voltou atrás porque, por detrás de tal frase, há um pensamento. De semelhante severidade usou o Papa, ao considerar insuficiente a retratação de um bispo que dizia não ter acontecido o Holocausto. Ofendia os judeus. Pedir desculpas não foi suficiente.

Tudo depende da afirmação e do contexto. O que Padre Dehon disse pode-se ver que estava dentro de um contexto: seu tempo. Mas houve frases na conferência que extrapolaram o contexto. Cem anos depois, os judeus reagiram ao saber da sua nomeação para ser beatificado: "Vão beatificar um homem que generalizou contra nosso povo?".

Descuido de profeta

Já falamos do passado, mas voltemos a ele. O descuido em dizer as coisas pode prejudicar o desempenho do profeta. Aconteceu com milhares deles. Se lermos os escritos de alguns papas e santos no passado, veremos as mesmas frases contundentes. Jerônimo chamou Ambrósio de "gralha". O debate foi longe demais. Os dois são vistos como santos, mas é claro que houve exageros no caso de Jerônimo, que era igualmente duro contra o sexo feminino. Um santo de hoje dizendo o que ele dizia? Impensável! O conceito de santidade é, atualmente, bem mais elaborado. São maiores as exigências para declarar alguém um bem-aventurado. Eram outros tempos, mas hoje não se pode mais aceitar isso. Conhecedores do Padre Dehon, temos certeza de que ele voltaria atrás e se penitenciaria ao saber aonde suas palavras poderiam levar.

Não precisamos ir longe. Toda a prudência de Bento XVI não impediu que grupos islâmicos, em 2007, ficassem irados por uma afirmação sua sobre Maomé. Nem dele era. Citara um autor. Mas a citação foi tirada do contexto por um jornalista americano que a jogou para o mundo inteiro. O episódio foi superado pelo diálogo e pela maturidade de líderes de ambos os lados, mas não sem termos lido sobre as ameaças dos radicais, que há em todas as religiões.

***

O que fez o jornalista com o Papa, ao descontextualizar o que Bento XVI disse na sua conferência na Alemanha, fez o jornalista Lapouge com Leão Dehon. Felizmente, Bento XVI teve chance de responder pessoalmente àquelas acusações. Dehon, estando morto há mais de oitenta anos, só pode ser julgado com base no que dizem que ele disse, ou na interpretação que alguém der às suas intenções. Não estava lá para expor a sua verdade. A leitura dos seus escritos não o favorece. Nisso, ele errou. Falou demais! Serve para qualquer pregador que deseja alertar para os males do seu tempo. Há um ponto em qualquer anúncio ou denúncia que não se deve ultrapassar. Nem os videntes podem ir mais longe com os seus anúncios vindos do céu – e todos os dias vemos este episódio –, nem os que denunciam podem colorir tudo com cenários lúgubres. Há luzes do outro lado...

Um padre radical?

Era o Padre Dehon um radical? Não era! Disse coisas pesadas? Disse! E deu "nome aos bois"! Um pregador deve fazer isso? Melhor não! Cite os fatos e poupe as pessoas. É a práxis das polêmicas e da apologética de hoje (DAp, n. 229). Não o era no tempo dele. Disse coisas encantadoras? Disse! Então, como encarar este homem gentil, mas de palavra franca? Da mesma forma como encaramos João Crisóstomo, Atanásio, Jerônimo, Agostinho, Tertuliano, Bernardo Claraval e centenas de santos, teólogos, papas e bispos polêmicos e polemistas, cuja maneira de falar não se aceita mais hoje, mas que naqueles dias lhes pareceu o caminho certo.

Isso inclui Lutero, João Huss, Calvino e Henrique VIII, que significam muito para os irmãos de outras Igrejas. Mas seus escritos ou atitudes estão lá a mostrar como falavam e como pensavam naqueles dias. Li recentemente, pela terceira vez, de Lutero, o livro *Do cativeiro babilônico da Igreja.* Dei-o a um amigo luterano, que me dera um livro contra o Papa Pio XII. Pedi que prestasse atenção na ira de Lutero e indiquei-lhe outro livro, sobre João XXIII. Respondeu-me que o livro de Lutero o fez pensar. De fato, era um livro virulento. Coisas daqueles dias! O dele também me fez pensar. Somos Igrejas com limites. Muito do que se diz é controvertido. Não separam quem, de fato, ama a Jesus, mas prejudicam o diálogo ecumênico.

Duro com duro...

Os apologetas de ontem nem sempre cantarolavam ao som de palavras suaves e melífluas! O leitor da história das religiões e das Igrejas verá o quanto se foi longe na hora dos debates e das polêmicas. Alguns deles são, hoje, declarados santos e vistos como grandes homens nas mais diversas Igrejas. Dados os novos critérios, um papa hoje hesitaria em beatificá-los e, naquelas Igrejas, hesita-se em imitá-los. O que sobra da santidade deles? Seus muitos valores, que, certamente, eram maiores que os seus defeitos. Não há santo perfeito, insistimos, e já o disseram os teólogos e os papas. Pesadas as suas vidas e virtudes, descontados aqui e acolá este e aquele deslize, aquela campanha ou aquela frase menos feliz, para nós eles são santos: viveram para Deus.

Os irmãos de outras Igrejas ressaltam, com justiça, o lado bom de seus predecessores. Também vemos santidade em Moisés, Elias e Davi, de quem a Bíblia mostra o amor, as virtudes, as lutas e, por outro lado, graves erros (1Rs 18,40). Dehon jamais propôs a morte de ninguém. Mas alertou com veemência contra as atividades de alguns grupos do seu tempo. Entre eles havia judeus.

Quem me arguirá de pecado?

Diz a Bíblia e dizem os historiadores que diversos profetas e pregadores do passado propuseram até o uso da violência! Dehon jamais fez isso! Mas há sempre um lado opaco de vidas que, no seu todo, foram brilhantes. Só Deus é santo sem defeito (Mc 10,18). Apenas Jesus podia, como o fez, desafiar seus adversários a mostrarem nele um pecado que fosse (Jo 8,46). Eles aceitaram o desafio! Inventaram o pior deles: blasfêmia, porque se declarou Deus; porque provocava tumultos (Mt 26,65; Lc 5,21). E foi assim, baseando--se no que interpretavam como pecado, que o crucificaram (Jo 19,19-21).

Em favor do padre sociólogo

Em memória dele, o Pe. Paulo Huelse, scj, à época superior da Província dos Padres do Sagrado Coração de Jesus, também conhecidos como Dehonianos, solicitou-me, dias após aqueles acontecimentos, que escrevesse, de maneira clara e aberta, sobre quem realmente era o Padre Dehon e o que nós, seus discípulos, pensamos dele. Que o livro fosse popular, posto que, profundos eruditos e ricos de citações, há centenas e da melhor qualidade. Pedi tempo. Busquei os autores. Fui a eles e deles me valho.

Pe. João Carlos Almeida, scj, o notável Padre Joãozinho, que cria púlpitos e espaços e os passa a outros pregadores, amigos e irmãos que somos de vida religiosa e de mútuas influências, nesse ínterim, brindou-me com a sua tese de doutorado sobre o educador Padre Dehon: *Leão Dehon e a educação* (2008). Serviria para o meu trabalho. Nesse mesmo período, uma publicação mais do que oportuna sobre aquelas acusações, de setembro de 2005 (Circular BC), e outra, de edição portuguesa, escrita por Umberto Chiarello, scj, da Província Italiana, com o título *O cônego Leão Dehon e a questão judaica*, estiveram sobre a minha mesa. Duas vezes passei por Roma e Portugal para buscar mais informação, rever as fontes e os mais de 50 livros que conhecia sobre ele. Minha certeza só fez crescer: Leão Dehon foi profeta e profeta continua!

Capítulo 7

PROFETA FOI, PROFETA É

Profeta era, profeta continua

Várias vezes me voltou à mente a frase de Paulo VI sobre a militância do Padre Dehon, aos 100 anos da Congregação por ele fundada em 1878:

> Padre Dehon foi o apóstolo do tipo que a Igreja do seu tempo teve imperiosa necessidade. Preservando-se da nostalgia do passado superado, soube inserir-se plenamente ao mundo no qual vivia (Paulo VI, 14/06/1966).

Digitei e ditei, então, estas páginas cujo destino não sei qual há de ser. Mas o livro está escrito e você parece que se interessou por ele. Se leu estas linhas até aqui, é porque o episódio que, de certa forma, detonou o Padre o fez pensar. Se ajudar a entender melhor o sacerdote jornalista, advogado, conferencista, promotor de semanas sociais e ativista social que admiro, terão valido a pena as idas e vindas e as noites em claro. Ele as mereceu e merece. Continuemos nosso voo panorâmico...

Ir ao povo

Eu sei das dores que o teu povo enfrenta
E sei também qual o teu pensamento
Diante das dores que o meu povo aguenta
Sei muito bem quais os teus pensamentos.

Ir ao povo, é preciso ir ao povo!
Ser gentil com o povo de Deus
Se preciso, chorar com o povo,
Marchar com o povo
A serviço do Reino dos Céus!

Ir ao povo, é preciso ir ao povo!
Defender o teu povo, Senhor!
Se preciso, ensinar o teu povo
A buscar seus direitos
E mostrar que és um libertador.

(Pe. Zezinho, scj)

Disse ou não disse?

Um jovem que me ouviu, perguntou-me à queima roupa: "Afinal, franco como era, o Padre Dehon disse ou não disse?". Disse! Está lá claro que o disse na conferência sobre "O judaísmo, o capitalismo e a usura", de 11 de fevereiro de 1897. Nas partes V, VI e VII ele desfia uma série de gestos de bondade e respeito da Igreja para com os judeus, mostrando o quanto eles eram injustiçados. Mostra compaixão. Mas, na parte VI, lembra que muitas vezes eles abusaram da bondade da Igreja. E cita Agostinho, Jerônimo, Hilário de Poitiers, João Crisóstomo e Ambrósio, todos eles santos canonizados, que não eram muito amigos dos judeus. Lembra que São João Capistrano era chamado de "flagelo dos hebreus". Ao falar de São Pio V, mostra o que a Igreja ensinava em 1569 contra os hebreus: "Sua impiedade vem armada de todos os embustes. Eles são os receptadores e os cúmplices dos bandidos e ladrões. Muitos, a pretexto de negócios, penetram nas casas de senhoras honestas e as induzem às mais infames torpezas". Pio V, que disse estas coisas, é santo canonizado...

Vejam como foi delicado para o Papa tomar uma decisão nos dias de hoje. Nós, dehonianos, entendemos que, no diálogo inter-religioso, no qual se empenha a Igreja atual, temos que assumir gestos concretos para superar um passado doloroso e não criar novos impasses. Imaginamos que, no céu, o Padre Dehon, que disse desejar entrar para a vida religiosa não para ser canonizado, mas para ser mais santo, aprovou a decisão de Bento XVI. Somos homens de Igreja, como era o Padre Dehon, e nós também estamos sujeitos ao erro nas nossas pregações. Sofremos com isso, mas estamos com Bento XVI. Se a beatificação de Leão Dehon viesse prejudicar o diálogo da Igreja Católica com os judeus da França, nem o Padre Dehon quereria, nem nós queremos.

Os tempos mudaram

Os tempos mudaram. A Igreja e o judaísmo, hoje, buscam, não sem renúncias de lado a lado, um diálogo fraterno. Ainda há discordâncias, mas o clima de discórdia do passado em que, de parte a parte, houve exageros, amenizou. Nós pedimos perdão por aqueles excessos, até de nossos santos, e eles pedem perdão por seus ancestrais, que tentaram minar a autoridade da Igreja. Mas a Igreja do passado, no caso deles, ora agia com serenidade e compaixão, ora com dureza e até crueldade. Dependia de quem eram os líderes, de onde estavam os judeus e que poder tinham.

A questão extrapolara o campo da fé e caíra no político. Havia poder e dinheiro no meio. Mas aqueles santos já estão canonizados e, diante na nova situação das últimas décadas, não há como "descanonizá-los". Mas pode-se sustar a beatificação de alguém, cujos escritos ainda repercutem em algumas comunidades da França. O Padre Dehon foi pego neste vórtice.

Generalizou? Sim, como os santos mencionados. Agora, olhemos para nós mesmos, que lemos os jornais sobre os conflitos que envolvem os judeus de hoje... Não fazemos o mesmo, todos os dias, quando comentamos a situação política dos árabes, dos grupos terroristas, de grupos muçulmanos, de grupos judeus, de católicos e de evangélicos? Não tratamos os muçulmanos, árabes e palestinos como se fossem uma só realidade? Não falamos de maneira generalizada, para, depois, abrir exceções ou insistir que nosso discurso não foi contra todos os muçulmanos, os judeus, os pentecostais ou os evangélicos? Não fazem eles o mesmo conosco, para, depois, dizer que não queriam falar de todos os católicos? Não erramos, também nós, ao falarmos dos árabes, dos norte-americanos, dos sul-americanos, dos africanos e dos europeus?

Púlpitos que inflamam

Do jornal *Folha de S. Paulo*, A8, sob o título "Irã vai hoje às urnas sob olhar do Ocidente", extraio a declaração do aiatolá Seyyed-Abbas Alamolhoda:

Concordo que há uma divisão em dois grandes grupos, os aiatolás e clérigos que acham que devemos estar fora da política e cuidar apenas da espiritualidade, e os que interpretam que política e religião são uma coisa só, que tem que fazer parte e seguir preceitos religiosos. [...] Entre os que querem participação na política, há outra divisão: os que preferem fazer a justiça social e os que acham que o islã está em toda parte e que tem uma aplicação prática na vida e no cotidiano.

Cento e dez anos depois dos escritos do Padre sociólogo, católico, Leão Dehon, que descrevia a mesma divisão entre o clero católico do seu tempo, vemos os muçulmanos descreverem algo que lhes vem de muitos séculos. Entre eles, entre os profetas judeus, entre evangélicos e entre nós há um divisor de águas: influir ou não na vida política. "A César o que é de César e a Deus o que é de Deus", disse Jesus (Mt 22,21). Mas, certamente, não quis reduzir o cristianismo ao pagamento de impostos. Foi o mesmo Jesus que ensinou que, entre o louvor ao pé do altar e a justiça, o entendimento, o diálogo e a busca da paz vêm primeiro:

Portanto, se trouxeres a tua oferta ao altar, e aí te lembrares de que teu irmão tem alguma coisa contra ti, deixa ali diante do altar a tua oferta, e vai reconciliar-te primeiro com teu irmão e, depois, vem e apresenta a tua oferta. Concilia-te depressa com o teu adversário, enquanto estás no caminho com ele, para que não aconteça que o adversário te entregue ao juiz, e o juiz te entregue ao oficial, e te encerrem na prisão (Mt 5,23-25).

No extenso texto de Mateus 25,31-46, estão postas as bases para a conquista do céu, depois. Depende do que tentarmos fazer aqui, com justiça social.

***

Já o dissemos e convém repetir: todo discurso para os ouvintes de hoje precisa levar em conta os ouvintes futuros. Temos que nos perguntar se o Papa João Paulo II fez ou não fez política na sua bem amada Polônia, no tempo de Lech Walesa, líder sindical, contra o comunismo. Influenciou politicamente ou não? Sua encíclica *Laborem Exercens* propôs que a Igreja influísse ou não no mundo do trabalho?

Padre Dehon foi acusado de deslize por pregar que a Igreja deve se envolver na vida política, sem, contudo, fazer política partidária. Falou direto para o seu tempo e disse coisas que repercutiram duramente no futuro. É o que dizem seus detratores. Mas leiamos a Bíblia e os salmos que sugerem vingança e violência. Aqueles poetas e cantores não levaram em conta o futuro.

> Ó Deus, quebra-lhes os dentes nas suas bocas; arranca, Senhor, os queixos aos filhos dos leões (Sl 58[57],7).

> Levanta-te, Javé! Salva-me, Deus meu! Pois golpeias no queixo meus inimigos todos, e quebras os dentes dos injustos (Sl 3,8).

Não há como um cristão de hoje orar alguns dos salmos que sugerem vingança e violência.

***

Teria sido o Padre Dehon um incendiário, um dos que acenderam pavios que mais tarde acenderiam os gases que, nos fornos crematórios ou em pelotões de fuzilamento, reduziram a cinzas 6 milhões de mártires judeus e mais de 5 milhões de outros inocentes? Seria ele ingênuo ou malicioso a este ponto? Absolutamente não! Aí foi o jornalista Lapouge quem extrapolou ao chamar o Padre Dehon de confesso antissemita. Dizer assim, sem mais nem menos, que o Padre era inimigo dos judeus equivale a dizer que Dehon também apoiava as barbaridades dos nazistas, mesmo tendo pregado quarenta anos antes.

A influência de Leão Dehon

Repassemos a questão. Visando atingir e enfrentar os capitalistas da França do seu tempo, o discurso de Dehon atingiu os judeus que lidavam com os bancos e outros capitalistas da sua querida França. Ele chegou a ser acusado de acender estopins em 1903, os quais, como rastilho de pólvora, explodiriam as vítimas do nazismo alemão nos anos 1940. Se Dehon foi longe, seus detratores foram ainda mais longe. Acusaram-no de uma liderança que ele nunca teve e de uma culpa que certamente não tem.

O nazismo que veio três décadas depois encheria de luto a Europa, mas querer culpar o Padre Dehon é o mesmo que dizer que seus escritos foram livros de cabeceira dos líderes franceses e alemães que, cerca de quarenta anos depois, provocaram aquelas crueldades. Para qualquer historiador, a menos que busque sensacionalismo barato, é evidente que o Padre Dehon não causou aquele antissemitismo nem fez parte disso. Há gente querendo transformar o cordeiro que baliu alertando contra alguns lobos do lado de lá, em lobo do lado de cá que uivou e levou outros lobos a atacar todo o rebanho judeu. Nem mesmo os judeus aceitam esta versão.

***

Incomoda os judeus de hoje saber de algumas frases do Padre Dehon e de outros pregadores daqueles dias. E eles que leem História sabem também do que irmãos seus disseram sobre a nossa Igreja. Como cristãos temos que pedir perdão pelo nosso ontem. A pergunta que faço a irmãos judeus é a mesma: pediriam perdão pelos seus escritores de ontem? Alguns deles, eu sei que pediriam. Os mais radicais não o fariam. Também entre nós, os mais radicais prefeririam continuar o debate. Sem perdão não pode haver diálogo.

Judeus serenos, ao saber destas frases, quando muito, falam em perigosa generalização. Mas sabem que seus sofrimentos certamente não vieram da pena de Leão Dehon, que falava contra alguns detentores do poder econômico. Repetindo, nós, dehonianos, reconhecemos, hoje, que Padre Dehon não foi feliz nas suas colocações. Mas ele está longe de ser um dos mentores do antissemitismo do seu tempo. Repetimos que Lapouge fez jornalismo cruel. Generalizou mais do que o Padre Dehon, a quem ele acusou de generalizar. Se déssemos hoje um *laptop* ao competente jornalista Padre Dehon, ele teria respondido com clareza o que o senhor Lapouge nem sequer tomou o cuidado de pesquisar, porque repetiu o que disseram! Não deu nenhum nome. Nem mesmo citou alguma frase... De fala francesa, seria fácil para ele ter acesso aos livros de Leão Dehon. Por que não os citou? Escreveu contra "o tal padre" sem pesquisar? Que tipo de jornalismo é esse?

Como encarar o episódio?

Nós que hoje lutamos em favor do diálogo entre judeus e palestinos, sabendo diferenciar entre os terroristas e os moderados de ambos os lados; nós que sabemos do valor que a Igreja dá aos nossos "irmãos mais velhos", os judeus; nós que vimos os gestos do João XXIII, Paulo VI, João Paulo II e Bento XVI e que assistimos, ainda hoje, a eventuais conflitos com grupos judeus ou muçulmanos radicais, reconhecemos a importância do diálogo sereno, paciente e fraterno que é preciso manter, custe o que custar, com as outras religiões e outros povos. Dehon tinha consciência disso. Seus escritos o atestam.

Então, por que ele?

Porque alguns irmãos judeus e católicos da França reagiram e discordaram da declaração de que a vida de Leão Dehon servia de modelo, o sacerdote, jornalista e padre foi retirado da lista dos beatificáveis, até que Roma decida se deve ou não deve ressaltar os grandes méritos do seu trabalho social e espiritual. Isto não o torna menos santo. Já dissemos o que pensamos sobre isso. O Papa agiu em favor do ecumenismo. Torná-lo não beatificado significa que, por enquanto, continua venerável. O título não lhe foi retirado. Aparadas as arestas do quadro de agora, tendo em vista que outros canonizados do passado foram muito mais longe do que foi Leão Dehon nas suas polêmicas, virão outras decisões.

Para alguém ser santo não é preciso canonizá-lo. Ou é ou não é! Canoniza-se quem é santo, mas alguém não fica mais santo porque foi canonizado. A declaração é um tributo que a Igreja presta a seus filhos e filhas cujas vidas são imitáveis. Deus agiu naquele fiel! Se algum fato causa dor e polêmica e algum santo foi protagonista ou esteve no meio daquele turbilhão, a Igreja prefere aguardar para que os fatos sejam esclarecidos. Ela não afirma que aquele fiel não está no céu. Apenas diz que não o recomenda para ser lembrado por toda a Igreja, até que se esclareçam alguns episódios.

Foi exatamente isso que aconteceu com o Padre Dehon, que não foi o primeiro nem será o último candidato à beatificação a sofrer tal questionamento. A Igreja não beatifica tijolos e, sim, pessoas que deixaram marcas ao longo dos seus passos.

O sociólogo

Se é impossível para um sociólogo ser indiferente diante do que estuda, muito menos o é para um cristão. Dehon foi os dois. Não estudou sociologia apenas para saber coisas sobre o ser humano reunido em comunidades, tribos e povos, mas, sim, para entender como e para que as pessoas se associam. Quis saber como a Igreja pode ajudar a humanidade a formar sociedades mais cristãs. Seus escritos e suas frases de cunho sociopolítico revelam isso.

Ele tinha a arraigada convicção de que a Igreja podia contribuir para mudar a vida e a sociedade do seu tempo.

Nisso ele era um apologeta de primeira linha. Defendia o caminhar da Igreja, sem negar que houve passos errados. Era encantado, quase triunfalista, com relação à fé católica. Para ele, a Igreja fora, e era, e seria educadora e formadora de povos.

São inúmeros os textos do sociólogo e apologeta Padre Dehon. Assim falava ele num dos seus escritos:

> É imprescindível que o padre se envolva na vida social; é dever fundamental para ele. Se se recusa a fazê-lo, sustento eu que não somente como cidadão, mas como padre, que ele é culpado de traição, de infidelidade ao seu ministério e de uma só vez ofende a Pátria, a Igreja e Jesus Cristo (*Obras Sociais* II, pp. 375-376).

Sua visão de cristianismo o jogou na correnteza do verbo ir. Se o amor era um rio, o rio deveria correr. *Um rio só é rio porque vai! Parado, ainda é água, mas tem outro nome. Também o amor só é amor porque alguém o vive e o leva. Ele é essencialmente altruísta. Inclui outra pessoa.* Na doutrina dos católicos, Deus é altruísta: ele é trindade de pessoas essencialmente amorosas. Deus "é" amor (1Jo 4,8). Deus não sabe não amar. Deixaria de ser Deus se deixasse de amar: duas coisas impossíveis e inimagináveis. Um Deus que deixa de ser Deus e um Deus que não ama seria um falso deus.

> Amados, amemo-nos uns aos outros; porque o amor é de Deus; e qualquer que ama é nascido de Deus e conhece a Deus (1Jo 4,7).

> Aquele que não ama não conhece a Deus; porque Deus é amor (1Jo 4,8).

Uma de suas sentenças traduz este conceito:

> A Igreja e o povo, dois grandes oprimidos do século que morre, reúnam então as próprias forças e conquistem, junto com a liberdade religiosa, a libertação social e econômica!

Advogado pela graça de Deus

"O padre que você admira parece que não perdia uma; estava em todas!", disse Almiro, um dos jovens que me ouviram falar a respeito de Leão Dehon. Respondi que o Padre estava onde lhe era possível: era o homem do verbo ir... Mas poderíamos, sim, chamá-lo de sacerdote presente. Participava. Não apenas propunha o moto de Leão XIII: "Ide ao povo". Ele ia para onde estava o povo e para onde se falava em favor do povo. Com ele, a palavra "povo" não foi apenas palavra bonita, marketing de quem fala, mas não vai. Aprendia com o povo e aprendia sobre o povo. Suas citações de livros que abordavam a questão social e a dor do povo mostram o quanto tudo o que ao povo se referia lhe interessava. Pudera! Era advogado,

> Leão Dehon participava. Ele ia para onde estava o povo e para onde se falava em favor do povo. Com ele, a palavra "povo" não foi apenas marketing. Aprendia com o povo e aprendia sobre o povo.

sociólogo, teólogo e jornalista, quatro excelentes caminhos de quem se importa com o povo. Além disso, conhecia o Direito Canônico e era catequeta e catequista. É claro que ele estava em todas. Se não pudesse ir, informava-se. Tinha os olhos abertos para a realidade do seu tempo.

Educador e pregador

Pe. João Carlos Almeida, admirado e querido por tantos como Pe. Joãozinho, scj, publicou interessante e rebuscada tese sobre o educador Leão Dehon: *Leão Dehon e a educação*. Na verdade, continuou nesta tese o discurso de seu outro doutorado sobre a Teologia da Solidariedade. Chama a atenção para um fato: o conferencista e sociólogo estava profundamente convencido de que a Igreja era e deveria ser educadora. Mais tarde, uma encíclica de João XXIII consagraria este nome e esta mística: *Mater et Magistra*: "Mãe e Igreja". A catequese da Igreja não deveria ser apenas materna, cordial, informadora, educadora e formadora do cidadão, seria necessário mais. Não bastaria ensinar a crer e a viver. Era preciso ir mais longe e buscar o mais difícil: ensinar a conviver. Não é este o maior dos problemas sociais? Não nascem os grandes conflitos de pessoas e grupos que não sabem e não querem dialogar nem conviver? A educação deveria ser integral e transversal.

Deveria levar ao diálogo e à convivência. Não teria conseguido seu objetivo se, ao fim dos anos de formação, o cristão fosse intolerante e incapaz de dialogar.

Cito três passagens do livro de Pe. João Carlos Almeida que lhe possam talvez interessar. Apontando para o Padre Dehon, ele recorda o homem que educa corações e forma pessoas, mais do que obras:

> Deus não sabe o que fazer com os nossos conhecimentos e com nossas obras se não tiver o nosso coração (p. 13).

> Para Padre Dehon, não é possível separar moral e educação. O ensino precisa também visar ao caráter... (p. 194).

> O avestruz é um pássaro preguiçoso e estúpido. É descrito na Sagrada Escritura pela dureza com seus filhos. Não lhes dá efetivamente nenhum cuidado após o nascimento. Seus pequenos ficam abandonados, privados de toda educação e de todos os benefícios da sociedade; por isso se tornam tão estúpidos quanto seus pais e suas mães. Não se encontrariam também, entre os humanos, famílias onde a preguiça e a apatia mantêm a estupidez e a grosseria? (p. 211).

Um estudo do sociólogo e educador Padre Dehon nos leva a um catequista educador, homem de estudos, homem que propunha o estudo! Isto, ele o diz com clareza nas suas conferências.

Nosso biografado gostaria de ouvir o que disseram os bispos no DAp, nn. 337-338:

> A Escola católica é chamada a uma profunda renovação. Devemos resgatar a identidade católica de nossos centros educativos por meio de um impulso missionário corajoso e audaz, de modo que chegue a ser uma opção profética plasmada em uma pastoral da educação participativa... Além disso, há que gerar solidariedade

e caridade para com os mais pobres. [...] Que a educação da fé seja integral e transversal em todo o currículo...

O padre dos direitos humanos

Você talvez não saiba, mas há muitos sacerdotes advogados. Formados em Direito Canônico, há muitos; formados em Direito Civil e em Direito Canônico, também não são poucos. No passado, poucos advogados buscaram o sacerdócio; Santo Ivo foi um deles! São Thomas Morus foi chanceler do rei. Morreu por ordem de Henrique VIII, porque não cedeu à pressão do soberano por um novo casamento na Igreja. Henrique VIII, mais tarde, fundaria outra Igreja, católica, mas dissidente de Roma. Ele, que fora considerado defensor da fé católica! Mas o advogado e chanceler, autor do famoso livro *Utopia*, não cedeu. *Utopia* era a proposta de um solidarismo cristão radical e contra o excesso de riqueza. Chegou, ironicamente, a propor que as latrinas fossem feitas de ouro para que as pessoas percebessem para que serve a riqueza... Os mais ousados situam neste livro as raízes remotas do socialismo europeu.

***

Houve papas e bispos advogados, mas foram poucos. O fato de Leão Dehon ter-se formado em Direito, ainda que sob pressão do pai, serviria imensamente ao seu ministério. Foi buscar mais justiça, servindo-se do seu conhecimento das leis do Estado, porque acreditava que a Igreja deveria atuar lá, onde se legisla. Uma boa democracia se fomenta com boas leis.

Seus escritos trazem análises e propostas que mostram o quanto ele entendia de política, de problemas sociais e de Direito. *Não quis apenas ser santo; quis ser um santo que sabia das coisas. Escandalizava-se com a falta de estudos do clero francês do seu tempo.* Para ele o sacerdote deveria ter um olho no céu e outro na terra, um na lei divina e outro nas leis humanas. Um texto que parece escrito para os nossos dias ilustra de maneira incisiva seu modo de pensar o "assim na terra como no céu".

A intenção da formação (na França) é ter sacerdotes virtuosos, mais do que instruídos. Tudo está orientado para a perfeição espiritual. No famoso seminário de Issy, a maior parte do dia está dedicada a práticas espirituais: cerimônias litúrgicas, adoração eucarística, leituras espirituais, rosário. Em geral o estudo só ocupa o seminarista umas quatro horas.

São também preparados pastoralmente para o ministério paroquial: como celebrar a liturgia, administrar os sacramentos, resolver casos de consciência. Os livros e as aulas são em latim, um latim mais bárbaro, que impede o exercício da língua viva (falada e escrita) dos contemporâneos. Isto é, sem dúvida, uma desvantagem. Na filosofia, Kant, os idealistas, os positivistas nem existem. O pensamento moderno e contemporâneo nem se conhece. O estudo da Escritura está em função da teologia. Os textos sagrados devem demonstrar a verdade das teses tradicionais. A História da Igreja é apresentada em sentido apologético. A História civil fica parada em 1789. As ciências, as matemáticas, a arte não se estudam. É um ensino muito incompleto e pouco crítico. O corpo docente, em geral, é medíocre e pouco especializado. Limita-se a explicar os manuais.

Como o clero, assim em geral também os professores estão ancorados ao passado. Vivem debaixo de uma campânula de vidro, sem contato com a cultura do seu tempo. Neste ambiente cultural, a revolução de 1789 é "o mal"; é ignorada sistematicamente como são ignorados as consequentes e profundas mudanças sócio--político-culturais que dela derivam. Um professor de filosofia de Issy afirma que não conhece o sistema cartesiano e que não tem nenhuma intenção de estudá-lo (MANZONI, G. A cultura do clero na França. *Leão Dehon e sua mensagem*, p. 115).

Incomodava-o a apatia e a pouca cultura do clero do seu tempo. Dizia o que achava ser seu dever dizer e sofreu muito por parte de um tipo de clero influente que punha resistência às suas propostas pró-democracia. Tais sacerdotes, muitos deles até piedosos, viam os padres democratas como homens sem unção. Aliás, o leitor já deve ter percebido que, ainda hoje, há um tipo de pregador que vê pecado em toda e qualquer posição não situacionista. Mudanças políticas os assustam, como se toda e qualquer mudança fosse ruim!... *Quase sempre os excessivamente seguros na fé acabam inseguros na política e na proposta social. Sua fé é estratificada. Imaginam também o céu e o Estado igualmente estratificados.* Por isso se fala de clero progressista e clero conservador, embora a divisão não corresponda à verdade: nem todo conservador ou progressista conhece teologia.

E há os que conhecem e fundamentam serenamente seu ponto de vista. Querem para a sociedade a sua visão de Deus na História. Padre Dehon foi um desses homens. Fundamentou suas propostas.

Diz G. Manzoni:

Em 1895, fazendo a introdução à segunda parte do seu *Manual social cristão*, escreve: "É preciso ir ter com o povo!... é a máxima de Leão XIII". Esta exortação é dirigida sobretudo aos sacerdotes. "Não podem permanecer fechados nas suas igrejas e nas suas casas paroquiais... *Não basta levar ao povo a palavra que ensina e consola, é preciso ocupar-se dos seus interesses temporais e ajudá-lo a organizar instituições que substituam as desaparecidas corporações... Deve-se atuar sem perder tempo com discussões estéreis".* Infelizmente, os desanimados, os derrotistas entre os sacerdotes de certa idade, são uma multidão. "Não há mais nada a fazer... é impossível." O P. Dehon analisa com mágoa e ironia um manual de obras considerado "excelente" que apresenta os homens como irrecuperáveis e aconselha obras para as mulheres, as raparigas, e ao máximo patronatos para os rapazes; aconselha que se ocupem das crianças e dos doentes: "Não resta outro caminho: é a regra, é a lei... Assim fez Nosso Senhor".

Ele ia direto à ferida:

"Eis até onde chegou a ilusão dos sacerdotes piedosos! Viram crescer o mal; assistiram à apostasia de todo um povo e que fizeram?... Associações de mocinhas." O Padre Dehon conclui amargamente: "Este é o espírito que imperou em muitas das nossas dioceses desde 1825-1830 até os nossos dias (1895)... E admiramo-nos se o povo acaba dizendo que a religião é feita para as mulheres e as crianças?".

"Esta geração covarde mudou-nos o Cristo. Já não é o Cristo dos trabalhadores, o Cristo que exercia o seu incansável apostolado entre os pecadores, os publicanos, os homens do mundo... O Leão de Judá converteu-se num tímido cordeirinho. O nosso Cristo, cujo poderoso apostolado inspirou o de Paulo, o de Xavier e o de todos os conquistadores de almas, converteu-se num homem medroso e fraco que só fala aos doentes." Estamos em 1895.[1]

"Ir ao povo" significa para o P. Dehon: dar confiança aos trabalhadores, não substituí-los, mas ajudá-los a tomar consciência dos seus direitos e deveres, sobretudo não privá-los da dignidade de serem eles os protagonistas da sua história, principalmente com os sindicatos. Era a reprovação de toda a classe de paternalismo e a exigência de justiça social.

Esta é a maneira de falar do P. Dehon aos sacerdotes jovens, aos seminaristas, aos participantes nas reuniões de estudos sociais de Val-des-Bois. O interesse dos jovens por tudo o que é novo e justo é favorecido também pelo próprio Leão XIII, que se lhes dirige com um linguagem bem pouco usual e, afirmando o primado do trabalho, exorta-os a apoiar os fracos nos conflitos que dilaceram a sociedade, quer que aceitem o governo que a maioria do povo

---

[1] OS II, 153-158, passim.

elegeu: "Aconselhai os vossos sacerdotes" – escreve a Mons. Germain, bispo de Coutances, em 1893 – "a não se fecharem nas paredes da igreja e da casa paroquial, mas de irem ao povo e se ocuparem de todo o coração do operário, do pobre, dos homens das classes inferiores".[2]

O conselho é indiretamente para os bispos, embora com fraco resultado. Nenhum bispo francês tem a audácia e a relevância social de um Ketteler ou de um Manning. Como em geral o seu clero mais velho, os bispos sentem-se muito comprometidos, por exemplo, na luta política e não estão em condições de fazer próprias, vitalmente, as novas exigências sociais. Se as encorajam, inspiram-se na escola de Angers de Mons. Freppel, de quem já conhecemos o frustrante paternalismo. A sua aceitação das doutrinas papais está cheia de respeito, mas não encontram preparação na sua cultura e correspondência profunda no seu coração e na sua ação pastoral (MANZONI, *Leão Dehon e a sua mensagem*, p. 256).

A luta em prol da família

Capítulos interessantes na vida do Padre Dehon foram seus pronunciamentos e sua luta pela família do trabalhador. Nascido, como vimos, em berço um tanto quanto elitista, não rico, mas confortável, levou, vida afora, as lembranças do ninho. Era, no dizer do Papa Bento XVI, no livro *Dio e il Mondo* (2000), "um ser *nidifico*". Nunca fugiu do ninho.

Um conflito aqui ou acolá, por conta do seu projeto de vida, não lhe tirou nem tiraria o respeito pela mãe e pelo pai. Foi viver pela Igreja e, embora não se apegasse demais a eles, quando voltava, era todo da família. Alguns seminaristas e sacerdotes deixam a mãe sem, na verdade, deixar. Parafraseando o neologismo de Bento XVI, são *nidicarentes*.

---

[2] DANSETTE, *Histoire religieuse*, p. 504.

Há os que rompem de tal forma com a família que quase não se relacionam mais com ela. A Igreja não os vê com bons olhos: são *nidífugos*. Até os monges e monjas reclusos em mosteiros devem manter contatos. Não se joga fora o tesouro de uma família.

Há, também, os que de tal forma se apegam que sacrificam seu ministério em prol da família, a qual, perceptivelmente, interfere na sua pregação. Liberaram-no sem liberar... Por sua vez, eles, como formigas carregadeiras, puxam para a família e irmãos o que pertence à Igreja e ao grupo religioso ao qual juraram fidelidade. Há graves casos de desvio de verba da Igreja ou da Ordem em função da família. A Igreja, quando pode, reage duramente contra tal comportamento. Neste caso é a família que desfruta do que não construiu. Filho e família usam a Igreja. Na verdade tais pais não deram o filho, colocaram-no lá para, por meio dele ou dela, desfrutar da Igreja. A história registra muitos desses casos. E não foram poucos...

Finalmente, há o que foi dado, doa-se e, moderadamente, mas com profundidade, mantém os laços com a família. É sacerdote *nidífico*. Vive no ninho da Igreja, mas não esquece o ninho de onde veio. Seu compromisso, contudo, está com a Igreja. E sua família sabe disso!

***

Descrito como rapaz agradável de ver, com 1,78 m, cabelos, sobrancelhas e olhos castanhos, testa larga, nariz médio, boca regular, queixo redondo, rosto oval, coloração clara, Leão Dehon fazia agradável figura. Alguns o achavam bonito. "Nenhum sinal particular", é o que se lia no seu passaporte. Ele teria encontrado seguramente uma boa moça com quem formar família. Era competente para isso. Sua vocação, porém, não foi fuga: foi mergulho na misericórdia. Quis viver para os outros, o que significava viver pelas famílias dos outros. A maioria dos filhos cria a própria prole, mas há os que são chamados a ajudar a criar. Há os que, tendo eles mesmos uma família para criar, ajudam a comunidade com notável dedicação. E há os que buscam o celibato e renunciam ao direito de criar sua própria prole para que outros a tenham e a preparem para a vida! *Celibato não é querer e não poder: é poder, mas não querer! Não é rejeição ao Matrimônio, como se ele fosse um mal; é renúncia a um bem em função do bem de muitos.*

Andava de batina pela casa. Ia aos cultos com roupa adequada a um seminarista. O pai já não se opunha mais. Dehon ironicamente lembra:

> Meu pai até parece feliz vendo-me seguir este caminho, não porque o compreenda, mas porque o seu amor-próprio está lisonjeado por aquilo que os charlatães da terra lhe profetizam para seu filho, quanto a honras brilhantes e no mínimo uma mitra.

E acrescentava, deixando claro que não visava a honrarias com o seu sacerdócio futuro:

> O mundo repugna-me cada vez mais, quando me acontece ouvir estes ridículos cumprimentos (DEHON, apud MANZONI, 2008, p. 170).

Ser bispo certamente não era o seu desejo. Pensou em martírio. Isto, sim! Mas é claro que não alimentou este sonho. Viveria sem procurar cruzes, mas assumiria as que viessem. É dele o pensamento: "Jesus não se crucificou. Deixou-se crucificar". Seu coração estava na Igreja. Tanto que diz, numa carta de 20 de setembro de 1867, *que não era nada mau ver como passam velozmente as férias.*

Você que prossegue lendo saberá mais sobre Dehon e sua família em excelentes livros que indicarei ao fim desta obra.

A família vai mal

Exceto por alguma reticência do pai, as coisas iam bem na casa dos Dehon. Mas o cuidado com as famílias dos outros levaria o futuro padre a pesquisas e estudos e, mais tarde, a pronunciamentos contundentes sobre o modo como era tratada a família no regime capitalista daqueles dias e como seria tratada caso triunfasse na França o socialismo sem Deus.

Nas suas famosas *Conferências sobre a Doutrina Social* e no seu *Catecismo Social* ele mostra indignação diante do descaso do poder público para com a família, com relação ao salário do pai, ao abandono dos filhos, à falta de boas escolas, ao trabalho de crianças e adolescentes nas minas e nas fábricas, à promiscuidade dos lugares de trabalho e à decadência de costumes, causados pela falta de catequese, de escolaridade, de condições de habitação e de serviço. Graves denúncias que não era comum ouvir da boca dos piedosos curas do seu tempo. Fazia parte da "questão que mete medo"...

Poderíamos dizer, sem medo de exagerar em seu favor, que toda a vida do Padre Dehon e toda a sua preocupação por uma catequese social sólida apontavam para a família. Seus livros e suas conferências visavam a melhores condições para o casal e seus filhos. Muitos pregadores resumem sua pastoral familiar em aproximar o casal, um do outro e, ambos, dos filhos. Pregam para dentro da família. Padre Dehon fez isso, mas foi mais longe: pregou para fora, pedindo à Igreja e aos governos que criassem leis e condições melhores para a família poder cumprir a sua vocação.

> Padre Dehon pregou para fora, pedindo à Igreja e aos governos que criassem leis e condições melhores para a família poder cumprir a sua vocação.

Capítulo 8

EM DIA COM O MAGISTÉRIO

Antes das encíclicas sociais

Naquele tempo não havia, ainda, as fortíssimas encíclicas e exortações que conhecemos, principalmente a partir de Leão XIII, passando por Pio XII até Bento XVI. *Laborem exercens* (Aquele que trabalha), *Casti connubii* (Do casamento casto), *Mater et Magistra* (Mãe e Mestra), *Populorum progressio* (O progredir dos povos), *Familiaris consortio* (Da cumplicidade familiar), *Humanae vitae* (A propósito da vida humana), *Evangelium vitae* (O evangelho da vida) e centenas de outros pronunciamentos oficiais da Igreja ainda não tinham sido escritos.

O fato de, cem anos antes, o Padre Dehon focar sua pastoral na busca de leis justas, de políticas mais voltadas para a família do trabalhador mostra sua visão de futuro. Estava em consonância com a Santa Sé. Valorizava, mas não lutava apenas por famílias que oram, louvam e procuram o Senhor.

Lutava e pedia que o trabalhador se inscrevesse em associações e sindicatos para defender sua família e os direitos dela. Via as mudanças políticas como parte da vida cristã. A família deveria pedir graças, mas deveria também dar um jeito de levar governos e prefeituras a ajudá-las a criar seus filhos. Não queria apenas famílias que recebiam. Queria as que também faziam acontecer melhorias na sociedade. O clero deveria estar à frente ou ao lado, liderando tais mudanças.

Mas isso não aconteceria, se os católicos não se dessem conta de que a melhora de vida da família tinha de ser conquistada com intenso *lobby* e até com pressão para que os governantes pensassem no casal e nos seus filhos.

O trabalhador e o seu trabalho

Não há como não perceber! Livros como o *Catecismo Social*, as chamadas *Conferências Romanas*, a *Usura no tempo presente* mostram-nos um sacerdote que mirava o trabalhador e sua dignidade. Ele via escravidão no mundo do trabalho e, como consequência, no mundo da família. Reagiu em nome dos trabalhadores. Disse, alto e em bom som, o que pensava sobre capital e trabalho. Nem eram ideias suas. *A Igreja dizia e ele repercutia. Leão XIII falara e ponto final! O trabalho é que é feito para o homem e não o homem para o trabalho! Portanto, o dinheiro não pode estar acima do trabalho. Importante não é o capital e, sim, o engenho humano.* Na catequese e nos púlpitos precisaria ficar bem claro o que vem primeiro. O trabalhador não pode ser o último na escala dos valores sociais...

O valor dos sindicatos

Há pouco mais de cem anos, o Padre Dehon percebeu o que muitos do seu tempo não perceberam e muitíssimos até hoje não percebem. Sozinhos, não poderemos ajudar a família. Teremos de nos unir com outros defensores da família para criar leis que a favoreçam e combater os que a desejam implodir. Pais e mães que trabalham precisam unir-se a sindicatos que os defendam. Da mesma forma, os pequenos proprietários e empreendedores também necessitam dos seus sindicatos para defender seu direito de montar indústrias, manufaturar e vender seus produtos.

Os trabalhadores entendam que seus patrões têm direitos e os patrões entendam que os operários também os têm. Em tempos de crise, cedem os dois até onde é possível, para que um não fique sem o seu empreendimento e o outro não perca o seu emprego. O diálogo torna possível a vida no mundo do trabalho. Tanto o dono do estabelecimento é um trabalhador quanto o é quem lhe presta serviço remunerado.

Não ao socialismo e ao capitalismo

Ao contrário do que disseram no século passado certas correntes marxistas, comunistas, socialistas e capitalistas, o inimigo não é nem o operário nem o patrão. Os dois são trabalhadores. Os dois produzem riquezas. O inimigo é o sistema injusto que nega a uns o direito ao justo lucro e a outros o direito ao justo salário. Os inimigos são trabalho de menos ou trabalho demais, salário de menos ou demais, lucro de menos ou demais. *Quando a mentira e a ideologia se instalam no mundo do trabalho, trabalhadores trabalharão pouco por muito lucro e patrões lucrarão muito e pagarão pouco.* Padre Dehon via tudo isso e falava dessas relações. Tinha amigos dos dois lados. O Padre achava o diálogo possível, como de fato é. *Nenhum trabalhador de bom senso quer que o patrão afunde e nenhum patrão sensato quer que o trabalhador passe necessidade.*

***

Padre Dehon era severo na sua crítica ao anarquismo de Proudhon e ao socialismo de Marx, mas disse coisas duras contra banqueiros e capitalistas. A 11 de fevereiro de 1897, pronunciou uma conferência que seria publicada dois anos mais tarde na revista *Le Règne du Coeur de Jésus* com o título "O judaísmo, o capitalismo e a usura". Foi esta conferência, dura contra o capitalismo e dura contra os judeus, que, 108 anos depois, lhe custaria a não beatificação. As razões de um lado e de outro podem ser encontradas no livro do culto escritor judeu Jacques Attali, *Os judeus, o dinheiro e o mundo,* facilmente localizáveis via Internet. Dehon escreveu contra os três movimentos sociais em processo naqueles dias: capitalismo, socialismo e anarquismo.

Jacques Attali diz, no seu livro, que quase à mesma época os judeus russos inauguravam o socialismo; os judeus austríacos, a psicanálise; e os judeus americanos, o capitalismo... Já falamos sobre as mentes brilhantes e os líderes que nos vieram do povo judeu. E lembramos que é bom não esquecer que Jesus e os apóstolos também o eram!

No caso do Padre Dehon, não houve estas ilações, mas é interessante ler sua crítica aos movimentos econômicos que nasciam ao seu redor. Anotemos o seu artigo no seu *Manual Social Cristão*, uma espécie de predecessor entre outros da época do atual *Compêndio da Doutrina Social*, que, espera-se, todos os sacerdotes e pregadores católicos já tenham lido... No texto "Por que não sou socialista", Dehon previa os desmandos de certo tipo de socialismo, caso este vencesse.

Por que não sou socialista

O socialismo quer me colocar numa casa construída com o fruto do meu trabalho, casa que ele administrará e da qual me expulsará quando bem entender.

– Eu quero morar numa casa construída com o suor do meu rosto, mas da qual ninguém poderá me expulsar.

O socialismo quer me obrigar a ser benfeitor da humanidade às custas do meu trabalho, emprego que ele administrará e ao qual me admitirá se lhe aprouver.

– Não quero ser reduzido ao papel de assistente social involuntário.

O socialismo quer me obrigar a pôr meus filhos em escolas pagas com o meu trabalho e o meu dinheiro, onde ele instruirá e educará meus filhos à sua imagem.

– E eu prefiro escolher a escola dos meus filhos, mesmo que tenha que pagar as anuidades.

O socialismo quer me obrigar a passar minha velhice num asilo construído e administrado com meu dinheiro, onde serei alojado sem que eu nem meus filhos optemos por isso.

– Eu prefiro passar minha velhice em paz, junto de meus filhos em ambiente que eu escolhi.

O socialismo quer me dar a vocação à carreira que lhe agrade, fazer-me trabalhar e medir o meu pão, tirar-me o meu Deus, a minha família e a minha liberdade (DEHON, João L. *Manual Social Cristão*, 1894, pp. 102-103).

***

O que o Padre Dehon previu, aconteceu em vários países, a partir da Revolução Bolchevista de 1917. Como contraproposta, o que propunha ele? Estava mais perto do solidarismo cristão do que da social democracia ou da democracia cristã. Dehon é cristocêntrico. Bem lembra o Pe. João Carlos Almeida no seu livro *Leão Dehon e a educação*: "Em história, o cristianismo não é cegueira; ele é um olhar que tem a altura e a extensão do horizonte" (OSC IV, 303-304). Segundo Leão Dehon, a Igreja tinha que ir mais longe, ao mundo do trabalho, e responder às aspirações populares.

***

Os inimigos da Igreja repetiam naqueles dias o que repetem hoje, auxiliados por pregadores religiosos de outras tendências, que a Igreja é inimiga da civilização e um obstáculo à prosperidade. *A esquerda não a acha suficientemente esquerdista e a direita a vê por demais esquerdista.* Por não ordenar mulheres, por não abrir as portas para o casamento dos sacerdotes, nem para as uniões do mesmo sexo, por ir contra o aborto e contra a manipulação do embrião, por não aceitar o divórcio e por dezenas de outras posições firmes contra ditaduras de esquerda ou de direita, quando pode, em artigos, programas de televisão e de rádio, comédias, filmes, entrevistas, alguém acha sempre um jeito de ridicularizar as posições sociopolíticas e a visão moral dos católicos.

Não era diferente nos dias de Leão Dehon. Somos e seremos sempre uma Igreja polêmica. *O mundo pode não querer nos ouvir, mas nossa voz estará repercutindo por muitos séculos depois que nossos agressores se forem.* O nazismo passou em menos de quinze anos. O fascismo durou ainda menos. O comunismo se foi em menos de setenta anos, de 1917 a 1983. Pareciam ter todas as respostas... Nós também não temos, mas parece que fomos mais ouvidos do que eles... O socialismo e o capitalismo queriam mudanças. Ele as queria ainda mais. Mas teriam que ser com Cristo e com uma Igreja que fosse ao povo. Na Igreja do seu tempo, poucos sacerdotes iam a ele!

Capítulo 9

VETADO E PROIBIDO

Ainda o profeta proibido

Viu, previu e profetizou. Morreu em 1925, mas já em 1900 antecipava o tipo de mundo que nos aguardava. Não viveu para ver todo o desastre que foram as décadas de 1914 a 1990. Mas ver a guerra de 1918 deu-lhe razão. As convulsões sociais da Europa eram fruto da ausência de solidariedade e diálogo. O mundo carecia de um coração a norteá-lo...

O que se viu no século XX foi uma sequência interminável de assassinatos, massacres, genocídios e selvageria, muitos deles praticados por países ditos civilizados. Já tocamos no assunto no Capítulo 1, sob o subtítulo: *Um mundo brutalizado*. Duas grandes guerras e pelo menos cem conflitos armados. Extermínios diabólicos de nações e de grupos étnicos. Milhões de mortos, barbaramente trucidados e aniquilados. Bombas atômicas sobre Hiroshima e Nagasaki, e milhares de inocentes derretidos ou queimados vivos. Isto, perpetrado por líderes de nações autoproclamadas evangélicas e cristãs, uma das quais, em sua moeda, afirma confiar em Deus (*In God we trust*).

Os alemães não apenas trucidaram judeus; haviam praticamente exterminado os rebeldes hererós na África. Não foram mais inocentes os países católicos como Portugal e Itália em territórios africanos por eles conquistados.

Os evangelhos são postos de lado, quando se trata de conquista de terra e de poder.

***

Se alguma vez os cientistas foram puros e inocentes, de Hiroshima e Nagasaki em diante, a ciência, tanto quanto o grupo religioso que não reagiu, perdeu a pompa e a inocência. Quem criou aquelas bombas e quem determinou que fossem lançadas tinha a intenção de matar por atacado.

Tais bombas o Padre Dehon não previa, mas o ódio capaz de matar quem quer que fosse, isso ele previu. Para entendermos a severidade do Padre Dehon no seu tempo, leiamos um teórico do social dos nossos dias, também ele francês, a falar sobre a França e o mundo de agora. O Padre Dehon teria gostado de conhecer o livro-coletânea *Tela total: mito-ironias do virtual e da imagem,* de Jean Baudrillard.

No dia 4 de setembro de 1995, Baudrillard escreveu:

> As decisões continuarão a ser tomadas, circulando entre as elites, os *experts* e o estrategistas, sem considerar qualquer opinião coletiva. Nossa impotência é total, apesar ou mesmo em função da informação, da qual estamos saturados; a informação não tem nenhuma consequência... Não há solução. Estamos presos entre dois integrismos: o populista (ou islâmico e fundamentalista) e o liberal, elitista, do universal e da democracia forçada.

A 18 de setembro de 1995 torna a escrever:

> Há muito tempo que a informação atravessou a barreira da verdade para evoluir no hiperespaço nem verdadeiro nem falso, pois aí tudo repousa sobre a credibilidade instantânea... A informação acaba mais verdadeira que a verdade.

No dizer de Jean Baudrillard, as pessoas preferem o verossímil ao verdadeiro. Dá-se o mesmo com as novas Igrejas e os novos pregadores na mídia. Fugindo desesperadamente do relativismo, caem num absolutismo igualmente mentiroso. Garantem o que não pode ser garantido. Ao invés de fé, oferecem certezas absolutas. Prossegue o cientista social:

> Um acontecimento não é mais necessariamente verdadeiro ou falso, mas oscila entre 1.2 e 2.3 oitavos da verdade. O espaço entre o verdadeiro e o falso não é mais um espaço de relação, mas um espaço de distribuição aleatória. Mesmo a sexualidade evolui, hoje, numa curiosa dimensão intermediária – nem masculino, nem feminino –, mas a 1.5 ou a 1.7, alguma coisa entre os dois.

Conviver com "algum caminho entre o falso e o verdadeiro" tornou-se a norma. Definir-se parece proibido. O profeta que vem com definições é logo taxado de louco ou de fanático. Em alguns casos definir ou definir-se é ofender. Falava disso também, já em 1908, no seu livro *Ortodoxia,* o jornalista e filósofo inglês Gilbert Keith Chesterton, no Capítulo III, ao questionar "O suicídio do pensamento". O medo de opinar levou milhões ao medo de pensar. Não ocorria nem ocorre ao mundo que é possível opinar e discordar sem desrespeitar o outro lado. Não é disso que trata a virtude do diálogo?

Há quem procure ser quem é, mas nem todos querem ou conseguem. Num mundo excessivamente relativizado e em conveniente transição para o que ele quer, certo tipo de comunicador rejeita de imediato o profeta que ouse dizer que há valores que não se relativizam e devem ser mantidos. Para quem desafia os limites da moral, o conservador da vida, do feto ou do embrião tornou-se ultrapassado. Quem luta por diminuir o poder econômico de quem possui demais, vale dizer, o que luta por justiça distributiva, é taxado de retrógrado, anárquico e inimigo do progresso. Quem defende a vida e o direito a mais salário é visto como inimigo da ciência, da ordem econômica, da situação global. Não admira que tantos preguem as vírgulas e as exclamações da verdade, mas não a verdade; trechos da Bíblia, e não a Bíblia...

***

Voltemos ao Padre Dehon. Afirmativo, ele via, previa e opinava. Como estavam, as coisas não poderiam continuar. Mudar, elas mudariam e seria melhor que a Igreja estive presente no processo. Ele, que denunciou o terrorismo econômico de ontem, denunciaria o terrorismo político-religioso de hoje. Não era de se calar...

Profetas também se enganam

> Porém, o profeta que tiver a presunção de falar alguma palavra em meu nome, que eu não lhe tenha mandado falar, ou o que falar em nome de outros deuses, esse profeta morrerá (Dt 18,20).

Naqueles dias de Israel, os tempos eram duros tanto para o verdadeiro como para o falso profeta. Mesmo cônscio de não ser nem bancar o profeta, Padre Dehon se deixou, sim, influenciar por dois supostos videntes. Está nas suas biografias. Ingênuo? Leniente? Bom demais? Ele, que era severo contra os políticos e os poderosos, fora crédulo demais perante os enganadores da fé?

Uma religiosa, Irmã Inácia, tida como uma segunda Santa Margarida Maria Alacoque, e um padre, Pe. Captier, membro da congregação, vindo de outro grupo dedicado ao Sagrado Coração de Jesus, da escola de Fayet, os dois, cada qual a seu modo, prejudicaram o profeta Padre Dehon. Suas visões e revelações causaram desvios nos fiéis e entre os religiosos da novel congregação de oblatos. Jesus lhes falava! Recebiam iluminações! E convenciam!

Faziam o que tantos fazem, hoje, no rádio e na televisão em nome de um neopentecostalismo nunca provado, nem devidamente questionado e menos ainda explicado. Naqueles dias, as revelações hipoteticamente vinham do Sagrado Coração de Jesus. Hoje, supostamente, vêm do Espírito Santo. Como Jesus mandou questionar quem pretendesse saber mais sobre ele (Mt 24,24-26), perde mais do que ganha a Igreja que não questiona os seus videntes. Só assim saberá quem o é e quem não é.

***

Naqueles dias, para ser aceito, um bom vidente recebia revelações de Jesus. Hoje, a maioria dos videntes diz que as recebe da terceira pessoa da Santíssima Trindade. Por isso, afirmam eles estar na era do Espírito Santo e na Cultura de Pentecostes.

Pura e simplesmente condená-los ou acusá-los de má-fé não é atitude cristã, mas também não é cristão pura e simplesmente engolir o que dizem. Ninguém que faz uma afirmação dessa gravidade deve passar incólume. Prove que é, de fato, um porta-voz do Espírito Santo!

No tempo do Padre Dehon, os videntes do Coração de Jesus também não provavam quase nada. Não tardaram os exageros e as necessárias intervenções da Igreja. Não deixava de ser uma volta ao Montanismo, ao Donatismo e ao Pietismo de outrora. Nos dias de hoje volta a ênfase no

Espírito Santo. Repitamos que não há por que duvidar de todos, mas é necessário questionar muitíssimos deles, na nossa e em todas as Igrejas que se afirmam pentecostais. Estão indo, ou foram, longe demais. Esperam que creiamos neles, sem ter de provar que são, de fato, mensageiros do céu. São muitos a afirmar e poucos a provar! Atribuem ao Espírito Santo muitas falas da própria lavra. Respaldam-se numa profecia muito propalada, mas nunca provada. O leitor releia Jeremias capítulos 23 e 14,14. Nada disso é novidade.

Crédulo demais?

Padre Dehon aparentemente não exigiu provas. Errou. Admitiria seu erro. Confiou demais em revelados que, ao fim e ao cabo, não eram tão revelados quanto diziam ser. Acontece ainda hoje com bispos e sacerdotes de aceitar passivamente testemunhos e revelações de revelados que também não o eram... Neste assunto de vidência é bom lembrar o que dizia Jesus nos capítulos 23 e 24 de Mateus, sobre os impostores da fé. Conseguiriam enganar até os chamados...

Segundo alguns de seus biógrafos e admiradores, ao admirável Padre Dehon, que, como todo homem de Deus, tinha seus limites, faltou melhor discernimento. Tinha menos de 40 anos. Deu mais ouvido a diretrizes de nefelibatas do que a dos pregadores de bom senso. O bispo diocesano Dom Thibaudier reagiu. Padre Dehon acabou diante do Santo Ofício. Seu caso foi ao Vaticano. Apoiara videntes de posturas estranhas...

Seu grupo, que apenas começava, foi questionado. A incipiente *Congregação dos Oblatos do Coração de Jesus* é oficialmente supressa em 08/12/1843, por decisão do Santo

Ofício. Mas viam sua sinceridade. Tanto que, quatro meses depois, a pedido do mesmo bispo, a Santa Sé lhe daria licença para começar outra congregação em outros moldes.

Na Primeira Carta aos Coríntios 12,28, Paulo deixa claro qual o procedimento. Primeiro deve-se ouvir os apóstolos. Mestres, videntes e outros carismáticos vêm depois. Valeu a palavra do bispo que foi severo e exigente. Missão de bispo! Serviu para muitíssimos dehonianos de hoje que ouvem os novos revelados e videntes com um pé atrás. Sabemos o preço que Padre Dehon pagou por tê-los ouvido e deixado falar... Quando me perguntam por que jogo duro com os videntes de agora, respondo que sou dehoniano e sei que a Igreja nos pede que os questionemos, sem perder o respeito por eles. Mas precisam provar que realmente Deus lhes disse alguma coisa diferente e nova...

***

Quando Padre Dehon foi proibido de levar adiante a congregação dos Oblatos do Sagrado Coração de Jesus e, quatro meses depois, foi autorizado a começar a dos Sacerdotes do Sagrado Coração de Jesus, a Igreja, pela voz do bispo e do Santo Ofício, questionava e proibia um caminho, mas não todos os caminhos. Foi advertência: cuidado com visões, revelações e aparições... Feita a correção de rumo, ele poderia prosseguir. E ele se corrigiu.

Qual o limite?

Santo Afonso de Ligório, fundador dos sacerdotes e irmãos redentoristas, teria dito certa vez: "Prefiro enganar-me crendo demasiadamente em milagres e êxtases a não crer.

Porque a fé alarga o coração à dimensão do amor divino, ao passo que prudência humana habitualmente a estreita".

São milhares o que subscrevem ainda hoje a sua colocação. Afinal, era um santo inteligente e um excelente moralista! Já o Papa João XXIII teria dito que é melhor não dar o sacerdócio a um bom candidato que, porém, suscita dúvidas, do que arriscar, ordenando-o. Diz o mesmo a exortação apostólica *Pastores dabo vobis*, de João Paulo II, sobre a formação dos sacerdotes, nn. 53-56. *Falta de solidez pode dar em falta de sensatez...*

No caso de Santo Afonso, era a opinião de um grande santo, nem por isso seguida por outros santos, até porque os santos não têm que concordar em tudo! É por isso que nos chamamos "católicos": *para todos, abrangentes!* No colo da Igreja cabem muitas opiniões, desde que não nos separemos no essencial. Vidência, dom de línguas, dom de cura é bom, mas não é o essencial da fé. Não somos obrigados a aceitar nem devemos ser crédulos demais, quando nossos irmãos se proclamam videntes. Paulo manda cada qual examinar-se cuidadosamente acerca da sua fé em Cristo (2Cor 13,5).

Divergências

Aqui se dividem muitos grupos católicos. Alguns, hoje, pensam e professam o mesmo que Santo Afonso. Dão mais ouvidos a um vidente do que a um bispo ou a um teólogo. Você os conhece! Ouvem sem questionar os místicos que expulsam demônios, falam com anjos e ouvem Maria, mas questionam os teólogos e os que pensam a teologia católica. Preferem errar com um vidente a errar com um teólogo. Errar, porém, erram os dois, mas a chance é a de o teólogo acertar mais. Informou-se melhor. Torne a ler a *Pastores dabo vobis* (Dar-vos-ei pastores), nn. 53-56.

O ponto é este: discernimento, pensar e estudar a doutrina. Devemos crer que o vidente a recebe mais lúcida e corretamente do que o estudioso? Deus privilegia o vidente? Estamos, outra vez, dentro da polêmica entre São Bernardo de Claraval e Abelardo? Caso você não saiba, o místico e convincente Bernardo praticamente esmagou o filósofo Abelardo, jogando os fiéis contra ele. Venceu o pregador e perdeu o pensador. Bernardo é visto como santo, e certamente o merece, e Abelardo ficou apenas como um pensador católico. A pergunta é sempre oportuna: o que é mais importante para a Igreja: a inspiração do pregador ou os livros do filósofo e do teólogo? Entre o estudioso e culto Tomás de Aquino e o pouco inteligente e estudioso, mas piedoso e místico, João Maria Vianney, você é convidado a ficar com ambos. Mas a Igreja em seus documentos exige que os padres e leigos de agora estudem a fé. Não basta apenas ser revelado, tem que ser também estudado. Mas o estudado não tem que ser revelado. Não tem que provar que Jesus lhe fala semanalmente! Basta que aceite o depósito da fé!

Havia naqueles dias e há, hoje, teólogos que privilegiam o estudo e o essencial, valorizando o transversal da fé. Reduzem a importância do tangencial: aquilo que não vai ao cerne. Há até documentos de estudos que não hesitam em chamar de penduricalhos da fé (Doc. CNBB, *Estudos*, n. 84) a ênfase demasiada no devocional e no emocional, em detrimento do essencial, que está claro no Catecismo da Igreja. Vale mais o que "Deus me fala agora" do que o que "Deus falou à Igreja"? A depender de sua resposta, você terá definido seu catolicismo!

Confrontos que ferem

Não sei se chegou ao seu conhecimento. Em Jerusalém, diante do Santo Sepulcro, no dia 9 de novembro de 2008, dois grupos de cristãos ortodoxos disputaram a socos e pontapés o direito de chegar perto do local onde se crê que Jesus esteve sepultado por algumas horas, antes de ressuscitar. Quem os separou foram os israelenses, que não acreditam que Jesus ressuscitou. Como não é um fato único de cristãos que brigaram e ainda brigam entre si, para ver quem deles é mais de Jesus e merece mais adeptos, vale à pena ouvir outros crentes e até ateus que pedem mais razão e menos emoção, mais raciocínio e menos improviso, mais reflexão e profundidade e menos frases feitas, mais conteúdo e divulgação com menos marketing da fé. Vale dizer: menos ênfase na pessoa do pregador.

Na infância, Immanuel Kant (1724-1804) foi marcado pelo luteranismo da mãe e, certamente, não era um modelo de catequista cristão. Nos seus livros *Crítica da razão pura*, *Crítica da razão prática* e *A religião nos limites da simples razão*, apontou para o caminho de pensar e repensar para crescer. *Foi ele quem disse que o cientista deve preservar a fé e o crente deve preservar a ciência, porque uma e outra devem coexistir. Mas acrescentou que um não deve invadir a sabedoria do outro. Propõe diálogo honesto, ainda que haja diferenças.*

A fé agredida

Quando ligo a televisão e vejo um médico famoso em destaque há mais de vinte anos na mídia, que opina sobre tudo e não perde nenhuma chance de desacreditar a Igreja, por ela não concordar em muitos pontos com a medicina e a ciência moderna; quando vejo religiosos incapazes de ver sabedoria nos agnósticos ou descrentes, reporto-me a Immanuel Kant, a Karen Armstrong, a Carl Sagan, a Joseph Campbell, à Encíclica *Ut unum sint*, à *Gaudium et spes* do Vaticano II, e vejo que é possível admitir os erros da ciência e os da Igreja com a humildade de quem tem algo a oferecer, mas sabe que as descobertas da fé e da ciência muitas vezes vieram embrulhadas em premissas e erros colossais.

Só no século XX se descobriu o processo de concepção. O encontro de óvulo e espermatozoide não fora detectado, nem era conhecido desde os tempos de Aristóteles. Filósofos, médicos, cientistas e religiosos raciocinavam em cima de hipóteses errôneas sobre quando se dava a concepção e como se dava. Alguns ensinavam que o filho homem estava no sêmen masculino; a filha, na mulher. Não se conhecia o óvulo.

***

Respondi ao radialista, que maliciosamente perguntava o que eu faria agora que Fernando Lugo, ex-bispo católico e presidente do Paraguai, a 13 de abril de 2009, admitira ter tido um filho com uma jovem com quem se relacionava desde adolescente, e mesmo no tempo de bispo: "Vou me abster de julgá-lo, mas vou, mais uma vez, repensar todos os pecados de todos os pregadores de todas as religiões e os de ateus como Marx, Rousseau, Fidel e Hitler, cuja vida pessoal também não foi um mar de pureza"... Alguns deles também tiveram filhos fora do Matrimônio. E dei-lhe uma lista de pelo menos trinta homens famosos, inclusive presidentes do Brasil, cuja vida pessoal não correspondia a suas pregações, entre eles, um jornalista famoso e poderoso que matou a amante jovem com dois tiros. O rapaz sorriu e mudou de assunto. Para nós e para eles é terreno minado...

***

Reporto-me ao Padre Dehon. O que dizia ele a respeito dos pecados do clero do seu tempo, que eram muitos? O que pensava do isolacionismo, da misoginia, do carreirismo, do individualismo e da busca de conforto por parte de considerável número de sacerdotes? Dizia ele, ao falar no Congresso "Missão Atual da Ordem Terceira Franciscana", realizado em Roma, de 23 a 27 de setembro de 1900:

> Ele (Leão XIII) viu que o espírito franciscano, de oração e penitência, é antídoto contra a indiferença e a sensualidade de nosso tempo. Reconheceu, também, que o espírito de associação pode curar o individualismo de nosso século. E entrega a Ordem Terceira aos sacerdotes para ajudá-los na renovação social.

Hoje, bons sacerdotes encontram sua motivação nas CEBs (Comunidades Eclesiais de Base) e na RCC (Renovação Carismática Católica), como no passado outros encontravam arrimo para o seu ministério nas Congregações Marianas e nos Vicentinos. Mas lá também há fraquezas. Congregações e movimentos não são redomas. Não há como proteger quem não faz as suas renúncias nem assume a sua ascese!

Em 1898, ele publica na revista *Le Règne du Coeur de Jésus* uma reflexão sobre o dever social dos padres, e mais tarde publicada no livro *Renovação Social Cristã*. Diz ele:

> Precisamos de apóstolos, de homens de ação. O método administrativo não é mais suficiente numa sociedade desorganizada; os homens não nos veem mais; é preciso ir até eles. É preciso agrupá-los em

comunidades; temos que nos interessar por seus trabalhos, seu progresso, seus lazeres; é preciso levar a toda parte o espírito cristão. *Precisamos de doutores e devemos sê-lo um pouco todos nós. É preciso estudar para saber, estudar para ensinar. Especialmente as questões sociais consideradas novas que deveriam ter sido estudadas sempre na Igreja. Devemos ter à nossa disposição uma revista e novos livros que tratam dessas questões.*

Leão Dehon, que elogiava e enaltecia a Igreja civilizadora e defensora dos oprimidos, nunca negou que havia erros e pecados nela. Apontava primeiro para si mesmo como alguém cheio de falhas.

Meu irmão é exímio reparador de coisas. Com martelo, pás, serrote, chaves de fenda e plainas, transforma uma casa em ruínas numa bela e confortável habitação. Mexe nos fundamentos, reforça a renova as vigas mestras, conserva o que é bom e repõe o que tem que ser reposto. Seis meses depois as pessoas se encantam com a casa que parece nova, mas que, na verdade, foi renovada, porque ainda é 80% do que era. Para mim ele é um reparador. Quando me tornei sacerdote dehoniano, entendi que tinha a mesma vocação. Deveria, com pequenos recursos, operar grandes mudanças. Aprendi a ouvir, conversar e restaurar a partir do que acho de bom nas pessoas. Reparar talvez seja isso! Havia luz naquela pessoa. Era questão de saber reacendê-la!

O time da reparação

Com o cuidado de não deturpá-lo, assim poderíamos resumir o pensamento do Padre Dehon:

Por causa do Reino de Deus nas consciências e na sociedade, Reino que seria o do Coração de Jesus, era preciso "ir ao povo" e comunicar o Evangelho de um jeito novo. Numa sociedade cheia de rupturas e trincas, se somos cristãos, somos chamados a reparar e reconstruir o que se quebrou. Somos o time dos reparos. Algo ou alguém se quebrou? Vamos lá e reparamos do jeito que aprendemos e com as ferramentas da fé.

Lembro-me de cinco senhores que conheci numa enorme indústria em São Paulo. Cheios de ferramentas na cintura, lanternas, chapéu, rodavam em pequenos carros elétricos. Um deles me reconheceu e parou para pedir a minha bênção. Perguntei qual era a função dele. E disse-me com orgulho: "Sou do time da reparação, como você, padre. Somos doze, nas três plantas. A qualquer falha corremos para lá com nossas ferramentas e tratamos de achar uma solução para o que se quebrou... Não é essa a missão da sua congregação?". Era pai de um rapaz que estudara conosco. Lera um livro sobre o Padre Dehon e, às vezes, frequentava a paróquia São Judas, onde estamos há cerca de oitenta anos. Respondi sorrindo: "A intenção é essa!".

Reparar o vaso estilhaçado

Reparar, consertar, refazer, renovar... Tais ideias estão difusas por todos os seus escritos. Eram temas populares e ele os tornava inteligíveis. A bem dizer, o sociólogo Leão Dehon nunca brincou de ser teólogo. Tinha conteúdo para isso, mas ele nunca mergulhou em profundas elucubrações e termos que somente os teólogos entenderiam. Era jornalista e advogado e queria chegar aos cultos e aos simples.

Traduzia a sociologia e a teologia que recebera e lera, para que seus leitores assimilassem seus escritos. Na verdade é o que faço. Sou discípulo de Jesus e dele! Fazia o mesmo com suas conferências. A bem da verdade, a sociologia não dera, ainda, na Igreja os passos que veio a dar no século XX. Naqueles dias, eram passos incipientes. Uma elaboração mais profunda começou com Leão XIII que, em diversas encíclicas, apontou nessa direção: *a Igreja que vai à sociedade*. De Padre Dehon se poderia dizer que pregou para todos, com linguagem acessível para chegar, se não a todos, pelo menos a alguns. Paulo, o apóstolo dos gentios, dissera o mesmo:

> Fiz-me como fraco para os fracos, para ganhar os fracos. Fiz-me tudo para todos, para por todos os meios chegar a salvar alguns (1Cor 9,22).

***

Havia nele um educador nato. Na sua interessante e envolvente tese, o já citado Pe. João Carlos Almeida enfoca este lado do profeta que ia ao povo. O Colégio São João, que ele assumira como um chamado especial para estar com as famílias e os jovens, era um desses passos. Suas visitas a fábricas e lugares de pobreza, seus encontros com sindicatos de patrões e operários, a revista *Le Règne du Coeur de Jésus* que ele fundou e dirigiu por muitos anos, como propulsora sempre atualizada da Ação Social, suas semanas sociais, *tudo passava pelo verbo ir, para melhor amar e servir o povo. Tanto insistiu nesse projeto que sua principal profecia, depois do verbo amar, tornou-se o verbo ir. Ir por que e para quê? Para reparar os erros colossais da sociedade na qual viveu.*

Ir ao povo

"Ir ao povo!" Assim que lhe foi possível, enviou os padres da congregação que fundara para as missões na África, no Brasil e no Equador. Eram poucos, mas deveriam ir lá, onde se sofre e onde é mais urgente reparar as mais graves injustiças. Não estava fora do contexto. Jesus era o filho que veio, foi ao povo, procurou os pobres, enfermos e marginalizados, os *ptochòi,* aqueles que não tinham nenhuma saída senão a misericórdia de alguém; voltou ao Pai e virá de novo. Dehon tinha consciência dessa mística. Respirou-a pela vida inteira. O "Eis que eu venho" (Ap 22,12; Hb 10,7-9) de Cristo teria que se transformar no *"Eis que eu venho* do discípulo".

> O salário em Saint Quentin aumentava ou baixava de acordo com o capricho da situação, como o preço dos escravos. Nenhuma instituição para proteger o trabalhador. Nove entre dez industriais não têm nenhuma noção dos deveres de um patrão (Pe. Dehon, CAD 5, p. 483).

Vetado e proibido

Repassemos o que já foi dito nestas páginas e o que disseram outros escritores. O primeiro esboço da congregação de padres que o Padre Dehon fundou foi fechado por Roma, por conta de alguns exageros e revelações de supostos videntes, a quem Leão Dehon deveria ter questionado. Fora bonzinho demais para com os videntes. Não só não os questionara, como chegara a repercuti-los. Mas o bispo quis explicações para aquelas "revelações". O caso foi a Roma. O Padre Dehon foi convidado a voltar atrás. Ele prontamente cedeu e acedeu. Penitenciou-se. Fez o que Roma mandou. Fechou o instituto que nascia.

Foi o mesmo bispo quem, mais tarde, intercedeu pelo seu padre. Sim, o Padre Dehon merecia outra chance. Era homem de ouvir a Igreja! As autoridades em Roma lhe permitiram, então, prosseguir com algumas modificações, que foram feitas. O fato é outra vez lembrado para realçar que não estamos diante de um sacerdote teimoso e desobediente, feito um dos filhos da parábola de Jesus (Mt 21,28-31), que disse que ia, mas não foi. O outro disse que não iria, mas foi. Dehon não se enquadra nessa história. Foi o filho que disse que iria e foi. Corrigiu o seu trajeto.

***

Tempos mais tarde ele confessaria:

> Reconheço que, usando mais autoridade e firmeza em certas circunstâncias, consigo guiar melhor as almas. Pequei muitas vezes por excesso de bondade. Não tomei suficientemente a peito os interesses de Nosso Senhor. Não me apercebia que, tornando-me demasiado bom com os homens, não era suficientemente bom com Nosso Senhor, que eu deixava ofender.[1]

> A minha consciência repreendia a minha fraqueza e a minha excessiva bondade. As observações autocríticas do P. Dehon são duras consigo próprio. São certamente verdadeiras, mas é preciso completá-las e, em parte, corrigi-las, com o testemunho das pessoas que conheceram e viveram com ele, relevando também a sua grande energia, quando era necessária.[2]

Com ele, palavra dada era palavra que se cumpre! Era este o seu perfil: rapaz e adulto confiável! Ousava e, se errasse, voltava atrás e pedia desculpas, coisa que raramente se vê em políticos, pregadores, jornalistas e comunicadores. Dão sempre um jeito de esquecer o assunto, amenizar o que disseram, ou dizer que não disseram. Anunciaram milagres

---

[1] NQ IV, 35v: 17.4.1888.
[2] NQ IV, 54v: 5-6.8.1888.

falsos e nunca se retrataram. Seu papel não lhes permite admitir que erraram...

Padre Dehon dizia, sustentava, assumia a culpa, dava a volta por cima e prosseguia. Não tinha medo de suas fragilidades: reconhecia que as tinha, mas não mentia. Não fazia marketing de si mesmo. A verdade estava acima de seus projetos. Por isso, ele podia dizer, sem medo algum de ser contradito: "A verdade e a caridade foram as paixões da minha vida!". E foram! Havia nele um pouco do que o apóstolo Paulo afirma:

> Portanto, quer comais quer bebais, ou façais outra qualquer coisa, fazei tudo para glória de Deus. Portai-vos de modo que não deis escândalo nem aos judeus, nem aos gregos, nem à Igreja de Deus. Como também eu, em tudo, agrado a todos, não buscando o meu próprio proveito, mas o de muitos, para que assim se possam salvar (1Cor 10,31-33).

Pregava e vivia a cordialidade. Nem por isso deixou de dizer o que devia ser dito. O mesmo Paulo dissera anteriormente:

> Porque, se anuncio o Evangelho, não tenho de que me gloriar, pois me é imposta essa obrigação; e ai de mim, se não anunciar o Evangelho! (1Cor 9,16).

CAPÍTULO 10

OLHOU PARA O SEU TEMPO

Um coração que via mais longe do que os olhos não podia deixar de perceber o que se passava em toda a Europa do seu tempo. Ele descreve pormenorizadamente, no seu livro *A Renovação Social Cristã: Conferências Romanas 1897-1900*, o tamanho da crise que se abatia sobre os países, os governos, as famílias e as instituições da Europa. Não era um problema francês. Citava os dados, os nomes, as fontes. Pintou com tintas fortes e escreveu com penas de fogo o quadro que desejava ver mudado.

Falando da crise social e econômica da França e da Europa, o padre advogado, sociólogo e político, entre centenas de denúncias, devidamente documentadas, dizia:

> Depois das mazelas da elite, vejamos agora as dos que estão na base da pirâmide. Constatamos, inicialmente, que existe uma enorme miséria, muitas vezes imerecida. Somai a isso as crianças que morrem de desnutrição (5 mil por ano, só em Paris), os suicídios causados pela miséria e as pessoas debilitadas e doentias, que se apagam em tugúrios por falta de ar, de higiene e de nutrição, e sabereis que morrem, na França, 100 mil pessoas por ano de miséria e inanição. [...]
> A terra é bastante rica para poder alimentar seus habitantes. Não há homem de bom senso que possa crer que a miséria de grande parte dos seres humanos seja uma lei da natureza. [...]
> A má organização da indústria moderna destruiu o lar. Nas grandes cidades, 50% de nossas famílias operárias têm como moradia nada mais que uma sala de 15 a 20 m cúbicos de ar, quando se precisaria de 45 a 50 por pessoa. Uma pesquisa feita em Lille

constatou isso. É nessa atmosfera corrompida que nossos operários passam as noites, depois de ter respirado o dia inteiro o ar contaminado da fábrica.

A esposa do operário não consegue cumprir seus deveres de mãe de família. O trabalho do marido não basta para garantir o sustento da família e, assim, a esposa deve acompanhá-lo à fábrica. Na Alemanha se constatou que 120 mil mulheres gastam suas forças nesse trabalho contra a natureza. O que será das suas 400 mil crianças? Como educadores, elas têm os colegas de rua...

Ninguém se importa com eles

Ninguém se importa com eles,
Exceto alguns que te amam;
Ninguém se importa com eles,
Exceto quem ouviu tua voz.

Estão nas ruas, nos viadutos
E nos bueiros e nos matagais
Nos alagados ou nas favelas
Morrendo em filas de hospitais.

Estão enfermos e às vezes drogados
Ou desempregados, estão sem ninguém
Muda o meu jeito, meu jeito de crer
Alguma coisa por eles preciso fazer!
Alguma coisa por eles preciso fazer!

(Pe. Zezinho, scj)

O mundo que ele viu

Um olhar acurado e bem aberto para o seu tempo o levou a anunciar e a denunciar. Não inventou. Falou do que viu, leu e ouviu. Assim, nas mesmas conferências de 1897 a 1900, na terceira dentre elas, quando entrou em cheio no tema: "O judaísmo, o capitalismo e a usura", não dá para inocentá-lo no que ele diz e na maneira como diz. Se o leitor conhecer o já citado livro do culto judeu Jacques Attali, *Os judeus, o dinheiro e o mundo*, escrito cem anos depois, e os comparar, verá críticas, defesas e elogios. Tudo depende das leituras e da linguagem usada. Depende, também, da época e da agudização de alguma questão social. De repente, o *slogan* "Patria, Socialismo *o* Muerte", que se lê em Cuba e na Venezuela, para muitos pode acabar em "Patria, Socialismo *y* Muerte". Vale dizer: se os tempos se agudizam, vai-se o diálogo e vem a repressão. Acontece nas direitas e nas esquerdas do planeta...

Pensadores como o Pe. André Bourgeois, scj, que foi superior-geral dos dehonianos, e pelo menos uma dúzia de outros autores da mesma congregação, ressaltam que, entre os escritos do Padre Dehon, há grandes elogios ao povo judeu, entre críticas severas contra grupos de judeus que influenciavam a economia da Europa.

***

Já tocamos no assunto, mas voltemos a ele, uma vez que foi tal episódio que deu origem a este livro. Foi a conferência dada em 11 de fevereiro de 1897, e publicada em quatro números sucessivos da revista *Le Règne du Coeur de Jésus*, em 1899, que nos revelou um Padre Dehon que, ao mesmo tempo que admirava o povo judeu, foi implacável contra os judeus do seu tempo e da sua França.

Um discípulo e admirador do Padre Dehon, hoje, terá de admitir que ele foi longe demais nessas denúncias. Encheu o texto de dados fortíssimos contra o poder dos judeus na Europa. Fustigou sem mitigar; generalizou. Não há como negar que ele via os gestores da economia como culpados pela maioria das mazelas da Europa e apontava com o dedo em riste para os judeus que comandavam a economia.

***

Se alguém me pergunta por que ainda admiro o Padre Dehon, respondo que também admiro Moisés e Bernardo Claraval, que também carregaram nas tintas, agindo com severidade contra os adversários. Também admiro Agostinho e Jerônimo, que foram longe nas suas polêmicas. Nem por isso a Igreja deixou de considerá-los santos. Olho para o conjunto da obra. Milhões de esquerdistas admiram Fidel Castro, que foi ditador por cinquenta anos e também errou, mas admiram o conjunto da sua obra. Eu tomo partido e consigo ver, nos que admiro e nos adversários, o lado bonito e os escorregões. Não concordo com determinadas atitudes, mas isso não me faz melhor do que eles, exceto dos que mataram. Quem mata por suas ideias ou por sua fé inferioriza-se!

Vivesse eu no tempo deles e nas situações deles, como reagiria? Tivesse eu visto o que eles viram e de quem veio, denunciaria ou não? Hoje eu digo que faria diferente, mas a Igreja de hoje tem documentos que me orientam para não cair em generalizações contra os judeus nem contra os muçulmanos, em cujo seio há terroristas. Também os há entre nós...

Os tempos do Padre Dehon eram outros tempos; o tempo da Tribo de Dan e Benjamim (ler o Livro dos Juízes), de Moisés e Aarão, de Davi e Salomão e o da Europa do século XIX não era o nosso. Os eventuais excessos dos religiosos se prendem também à predominância e ao pensamento geral nos tempos em que viveram. Um foi o judaísmo dos profetas no exílio, outro o dos profetas de Israel; uma a Igreja do século

IV, outra a do século X, outra a do século XIX e outra a do século XXI. Outras realidades, outras políticas, outros documentos, novos laços, novos diálogos, novos afastamentos ou aproximações... Não há cristão que acerte em tudo.

Padre Dehon e sua psicologia positiva

A psicologia nasceu nos mesmos dias em que Padre Dehon fundava uma congregação dedicada a reconstruir pessoas e reparar feridas no indivíduo e na sociedade. A confissão já era ciência de séculos e, bem exercida, mudara muitas vidas, quando a psicologia começou a aparecer como ciência. De fato, atribui-se a Wilhelm Wundt, em 1879, o primeiro trabalho em psicologia. Com a proposta do "estruturalismo", ele e, na mesma época, Edward Bradford estudaram os processos mentais e o contexto no qual se inserem os comportamentos humanos. Nos escritos do Padre Dehon, a reparação do indivíduo como um todo e a preparação para que este se desenvolva de maneira integrada apontavam para o que se tornariam hoje mais de 50 ramos da psicologia.

Não tenho a menor intenção de classificar o Padre Dehon como psicólogo, mas o que ele fez pode ser visto como psicologia positiva, psicologia social, psicologia educacional (leia o livro de Pe. João Carlos Almeida, scj, *Leão Dehon e a educação)*. E houve incursões na psicologia da religião.

Sociólogo, mostrava os males e apontava para respostas do céu e da pessoa melhorada por análise, aconselhamento ou terapia clínica. Seus escritos revelam um terapeuta do comportamento humano, opção facilitada por sua formação de advogado, confessor e sociólogo. Da ciência do comportamento, das relações e reações humanas, a princípio errática e confusa, que teve Freud como seu máximo expoente, pode-se dizer que começou branca, para brancos e sobre brancos, machista e cheia de contradições. Mas firmou-se como excelente caminho para restaurar pessoas e reintegrá-las.

Relembro: Padre Dehon fundara a Congregação dos Padres do Sagrado Coração de Jesus um ano antes (1878) de nascer o primeiro trabalho em psicologia (W. Wundt, 1879). O que depois se chamou de *psicologia cognitiva*, ele defendeu com outras palavras na sua proposta de uma *fé cognitiva*. O ser humano não nasce como folha em branco; já vem com percepções e, mesmo que não lhe demos subsídios, passa por processos mentais que exigem estudo sério. Não há como nivelar e igualar as pessoas. A graça de Deus também não é dada a esmo nem captada a esmo.

Em linguagem de hoje, o educador Padre Dehon não diria que a mente humana é um computador para propósitos gerais que necessita de *softwares* (experiências) para processar informações. Pode até ser verdade, mas há mais do que pastas em branco num coração humano. Não viemos programados, como sugerem Cosmides, Tooby e Barkow (1992) e Goode (2000). Em parte é verdade que trazemos o histórico de etnias, raças, culturas, gênero e religião, e até somos profundamente marcados por estas heranças. Mas o ser humano é mais do que pasta de computador e responde a mais do que programas prévios. Aqui entram as reflexões do Padre Dehon sobre graça, misericórdia, salvação e libertação, experiências que podem formar um novo coração e um ser humano renovado. Seu "homem novo" – já falamos do assunto – é mais o proposto por Paulo de Tarso do que por Pierre Proudhon.

Suas análises do social e do psicológico da graça culminam na sua proposta de uma vida de "reparação", vale dizer: restauração da pessoa e da sociedade para que possam acontecer a comunidade e o reino de gentileza e alteridade, que é o da era do coração inspirado no Coração de Jesus.

O multifacetado Padre Dehon estava mais perto da psicologia da Gestalt, da qual nem se falava no seu tempo. Mas seu senso de abrangência o levava ao todo, no qual os sofredores do seu tempo estavam inseridos e às vezes esmagados. Não lhe bastava analisar os frutos. Estudava a árvore para entender por que gerava aqueles frutos. Pregava a inserção dos pobres no tecido social e via a busca da justiça como cura para a sociedade doente que gerava doentes. Por isso atendia a sindicatos patronais e de operários. O protagonismo deveria ser de todos.

Sua pregação de harmonia, bem-estar social e mental e de linearidade de comportamento o levava a ir mais longe do que reparar estragos. Lutava por evitá-los.

Há mais a ser dito sobre a visão preventiva e curativa do Padre Dehon, mas no tempo em que quase não havia terapeutas, sua ação e seus escritos apontam para um homem preocupado com o que havia dentro e fora da pessoa. Estruturas não salvam ninguém, mas, se forem justas, facilitam o processo de cura e de restauração de um coração ferido... Uma tese sobre o terapeuta do coração que foi João Leão Dehon poderia ajudar a entender melhor os seus escritos. Algum psicólogo dehoniano nos prestaria enorme favor se nos brindasse com um trabalho sobre a psicologia positiva do Padre Dehon...

Uma Igreja polêmica

Releio o *Documento de Aparecida*, n. 229. Além de propor que ouçamos o mundo, ele deixa ver que a polêmica não acabou nem deve ser abandonada, desde que seja fraterna. Li na revista *IstoÉ*, de 18 de fevereiro de 2009, uma entrevista com o octogenário teólogo católico Hans Küng. Ele, que foi amigo e parceiro do Cardeal Ratzinger, hoje Bento XVI, reconhece a cultura e os valores do Papa, mas discorda com veemência de algumas de suas decisões. O Papa sabe disso e, ao mesmo tempo que tenta reintegrar sacerdotes dissidentes, não fulmina com excomunhão seu ex-colega de cátedra. Hans Küng, mesmo entre polêmicas, permanece sacerdote católico. Pedro e Paulo, mesmo entre séria discordância na questão dos judaizantes, permaneceram fraternos e apóstolos.

Haverá quem ame o Papa por isso e quem admire Hans Küng por enfrentar o Papa. Deus sabe quem é mais santo e mais cristão. Nós julgamos por parâmetros e com base no que gostaríamos que fosse e não exatamente no que deveria ser. Padre Dehon fez isso com relação ao seu tempo. Discordou e falou. Pagou o preço de falar, como hoje Hans Küng o paga, e, acentue-se o fato, o Papa atual pagou e paga por tudo o que disse e diz. Não há como ser Papa sem ser polêmico. Alguém não aceitará alguma das suas decisões. O mundo, menos ainda!

O olhar que lançamos sobre o mundo determina fortemente a nossa profecia. Determinou a de João Leão Dehon.

Relendo Dom Helder

No decurso das leituras que fiz, para situar o Padre Dehon no seu tempo e no tempo de agora, foi impossível não parar em Dom Helder, a quem tive a honra de conhecer, de quem recebi apoio e conselhos. Com ele, algumas vezes, preguei aos jovens e ao povo de Deus. Fizemos, juntos, dois memoráveis shows, nos quais ele pregava e eu cantava com meus convidados. Não era possível ficar perto dele e não ser questionado, tanto pela vida gentil e serena que levava quanto por seu discurso que, às vezes, era polêmico e inflamado, mas nunca sem gentileza.

Considero injustas as acusações de que ele procurava os holofotes. Era o inverso: os holofotes o procuravam, porque ele era visto no meio do povo. Em alguns momentos tinham que arrancá-lo da multidão porque, mesmo de frágil compleição, era ao povo que ele ia. Testemunhei pessoalmente um desses episódios.

***

Ele gostava muito de algumas de minhas canções. Em Belém do Pará, num Círio onde cantei, tornamos a nos ver e, entre outros, fui à procissão e à berlinda. Encontrei-o lá. De frágil compleição, ele não deveria ir, mas foi. Estava literalmente esmagado pela multidão e perto da enorme corda, que, os que viram, dizem que ele chegou a segurar.

Se aquele gesto era de tamanho significado para os milhões de paraenses que todos os anos visitam a Basílica de Nazaré, também era para ele. Vi que alguém o retirou daquele sufoco, carregando-o aos ombros. Ele era tão sereno que não vi protesto no seu rosto. Quem jantou com ele, disse que, já recuperado, rira do episódio. Mas estar com o povo era a sua alegria.

***

O homem de 32 títulos "Doutor *Honoris Causa*", conferidos mundo afora, pela sua ação e pelos seus escritos; o Padre de 30 títulos de "cidadão honorário", membro de mais de 30 organizações de solidariedade internacionais, ganhador de 24 prêmios e de distinções pelo mundo por seu engajamento na política e no social e por ser porta-voz dos que não tinham voz; o perseguido por governos poderosos e grupos de poder; o questionado até por alguns colegas de episcopado que não aceitavam a Teologia da Libertação; o caluniado por tantos, elogiado e enaltecido por outros e por João Paulo II, que o chamou de irmão dos pobres e "meu irmão"; o autor de dezenas de obras; o bispo das *Mil razões para viver* e de *Um olhar sobre a cidade*; o bispo sobre quem foram escritos dezenas, senão centenas de livros... estava lá, como qualquer um, no meio do povo, franzino, magro, pequeno, mas no meio do povo. Era-lhe impossível ser anônimo, ainda que desaparecesse na multidão. O que ele fazia era grande e repercutia, quisesse ele ou não.

✳✳✳

De algum modo eu associava Dom Helder ao Padre Dehon, que certamente era mais "aristocrata" do que ele. Mas Dehon, que como Dom Helder viera de condições avantajadas para o seu ambiente, optara por pregar a Doutrina Social da Igreja, em tempos também agudos e cruéis. Dom Helder foi acusado de tudo, desde comunista a anarquista, mas era, antes, um homem de Igreja. E ser homem de Igreja num país de tanta miséria e sem democracia significou para ele ser o porta-voz dos sem voz e sem vez.

✳✳✳

Padre Dehon fez coisa semelhante no seu tempo. Dom Helder conhecia as ideias dos dehonianos e as admirava. Disse-o a mim e a dois ou três padres da nossa congregação no Nordeste do Brasil, alguns dos quais trabalharam perto dele e sob o seu pastoreio. Não poucas vezes me incentivou a prosseguir, mesmo quando fui rotulado de centro, de semidireitista, de inocente útil, de modernizante, de não transformador, ou de esquerdista pela metade. Eu não era nada disso. Deixou claro que sabia do meu projeto sem queimas de etapas.

Um dia, em Aparecida, pouco antes de meu grupo apresentar a opereta "Oferenda", baseada na Declaração de Puebla, sobre as dores e o rosto dos pobres da América Latina, ele disse: "É a sua vez de falar. Fale e não tenha medo. Não me apresente, porque a Igreja precisa de você neste momento. Eu tive os meus e ainda os tenho, mas aqui quem deve aparecer é você". Pegou-me pelo cotovelo e conduziu-me gentilmente para o palco. Não entrou e não apareceu. Não era hora de ele ir ao povo! Ensinou-me que há uma hora de ir ao povo, outra de enviar os outros e outra de nos retirarmos para o estudo, a prece e a reflexão.

***

Nunca achei que o Padre Dehon era um Dom Helder de ontem, nem Dom Helder um Padre Dehon daqueles dias. Mas, ao ouvir as pregações do bispo dos pobres, nos mais de trinta momentos em que pude conviver com ele a serviço e até numa longa viagem de avião, eu percebia o quanto os dois, distantes 60 a 70 anos um do outro, pensavam do mesmo jeito.

***

Num avião que demorou a decolar do Recife rumo a São Paulo, estava Dom Helder, que iria a Florianópolis para um encontro de Juventude. No mesmo avião estava Marcos Richbieter, um dos próceres da economia do governo militar. Em dado momento, o ministro é visitado por um assessor, levanta-se e sai do avião. Ao nosso lado começou o comentário de que estávamos correndo risco, porque o perseguido Dom Helder viajava no avião do qual o ministro saíra. Pensei no Padre Dehon e em momentos de sua vida, nos quais até os amigos se afastavam dele, tantas eram as acusações lançadas contra sua reputação e sua obra. Brinquei com Dom Helder, ao lado de quem eu, padre novo ainda, viajava: "Parece que nos deixaram aqui porque o avião corre perigo".

Com aquele seu jeito amigo de cutucar levemente o cotovelo da pessoa com quem falava, o bispo disse a mim e aos que lhe estavam ao redor: "Não se preocupem! O governo pode não ter medo de prestar contas a Deus, mas se alguma coisa me acontecesse, ele teria que explicar ao mundo porque seu ministro saiu e nós ficamos. O governo não me aceita, mas tem que proteger a minha vida. Ele é o primeiro interessado para que nada de violento me aconteça. Vocês estão seguros. Estamos em duas boas mãos: a de Deus e a do governo...", disse com ironia.

**

Lembrei-me das ironias de Thomas Morus em seu livro *Utopia* e do nosso Padre Dehon em seus escritos sobre a timidez, o pietismo e o carreirismo dos sacerdotes do seu tempo. Lembrei-me, também, das parábolas irônicas de Jesus sobre o fariseu e o publicano (Lc 18,10-14) e sobre o sacerdote, o levita e o samaritano (Lc 10,25-37). Escolheu os personagens mais controvertidos da época para ressaltar seus valores, diante dos "piedosos" do seu tempo... Quem disse que santo não pode ser irônico? Sarcasmo é uma coisa, ironia, outra!

Um homem de visão

Há homens e mulheres de visão. Sabem tirar conclusões. Conseguem ler o presente, suas entrelinhas, e, com base no que veem, prever o que verão. Por isso falam, mesmo que sua fala desagrade. São assim alguns avós, ao falar de seus netos e das famílias que os netos formarão. A menos que haja mudanças de comportamento, os rebentos de seus rebentos serão maus ou bons cônjuges e maus ou bons pais. Na religião e na política também é possível fazer previsões com décadas de precedência. Depende das predominâncias, do marketing e do rumo das pregações. Assim também, os mercados e os movimentos políticos.

Dehon previu modelos de Igreja, modelos de Estado, o rumo das correntes políticas mais salientes do seu tempo. Combatia Marx, Proudhon, Lemmi e Nathan. Dava "nome aos bois". Debatia-se contra a *Kulturkampf* e seu projeto ditatorial, como aplicado por Bismark. Não aceitava o capitalismo, nem as ditaduras, nem o socialismo, nem o anarquismo. Livros como *O capital,* de Karl Marx, *Filosofia da miséria,* de Pierre-Joseph Proudhon, *Emile*, de Jean Jacques Rousseau, circulavam em mãos de jovens e estudiosos capazes de influenciar a opinião pública. A palavra *socialismo,* que apareceu pelos anos 1835, dividia os próprios socialistas, quanto mais os católicos. Soava tão mal quanto um sacerdote, hoje, afirmar-se comunista ou leninista.

***

Não se via o socialismo como proposta cristã. De socialista nos termos de hoje, Leão Dehon tinha muito pouco. Era um solidarista. Estava muito mais para uma Teologia da Libertação segundo Gutierrez, ou da Teologia da Solidariedade (João Carlos Almeida, scj, tese sobre Gutierrez), do que para qualquer daquelas propostas.

Enquanto o Padre Dehon, prevendo o futuro, propunha à Igreja que não ficasse de fora das mudanças do mundo, que seriam cada dia mais urgentes e se anunciavam ditatoriais, apontava para uma democracia verdadeiramente participativa.

> Não foi aceito por conservadores católicos, para quem bastava aumentar a esmola aos pobres, e não mudança política. Para eles, mudança era desordem.

Não foi aceito por conservadores católicos, na sua maioria, empresários escudados por sacerdotes piedosos, que não queriam política nas suas paróquias, mas as faziam em favor do *status quo*. No fundo, eram piedosos direitistas. Na opinião desses senhores católicos, bastava aumentar a esmola aos pobres; não tinha que haver mudança política alguma. Para eles, mudança era desordem.

***

Outros, porém, também eles empresários como Leon Harmel, entendiam a necessidade de mudanças a partir da fé cristã, já que outros as propunham a partir de ideologias ateias e de força. Em Val des Bois, na França, reuniam-se leigos e sacerdotes católicos para debater as questões sociais que eles definiam como *A Questão Social*. E era! Afinal, todas as questões passavam pela grande questão: *o movimento social e democrático cristão deveria existir, mesmo que não existisse o socialismo* (D. Doutreloux, *Carta pastoral*, 14/01/1894). Não somos Igreja em função do marxismo ou do capitalismo, mas nossas ideias devem se confrontar com as deles. Têm eles o que dizer? Nós também temos! Dispõem de mídia? Nós também dispomos: da mídia, do altar e do púlpito. Eles podem mentalizar multidões? Nós também!

***

Era por isso que Padre Dehon lutava pela "boa imprensa". Um fato de hoje ilustra o daqueles dias. Em São Paulo, a Igreja que, num domingo, após a festa de *Corpus Christi* (07/06/2009), levou grupos isolados de três a cinco mil católicos para as ruas a festejar o Santo Corpo do Senhor, viu, logo após, no domingo seguinte (14/06/2009), com o governo por patrocinador, a distribuição de 1 milhão de camisinhas, e 2 milhões de gays, lésbicas e simpatizantes desfilarem seu "orgulho gay" na Avenida Paulista. Vale dizer: orgulho de amar alguém do mesmo sexo. Lutavam por este direito. Mais do que questioná-los é hora de nos questionarmos. São mais unidos do que nós? Lutam mais pelo direito ao seu corpo livre e seus amores do que nós pela sexualidade canalizada e direcionada em função de um bem maior?

***

Profetas, no tempo do Padre Dehon, todos usando a mídia daqueles dias, existiam de todos os lados. Todos queriam mudanças que chegassem aos mais pobres. Vale anotar que Proudhon, em vários livros, principalmente em *O que é a propriedade?* (1840) e *Filosofia da miséria* (1846), propunha algo muito diferente do socialismo de Engels e de Marx. Mas havia ainda uma terceira e uma quarta via, do ponto de vista católico. Os cristãos já difundiam que nem o capitalismo cruel e esmagador, nem um socialismo ditatorial e atentatório às poucas liberdades que ainda existiam, nem o anarquismo resolveriam a questão social. Eles também viam o mundo em mudança, desesperado por soluções. Estagnado é que não haveria de ficar.

Xô, miséria

De onde vem tanta miséria? Pra onde vai tanta riqueza
Lá, onde estão gerando a fera, é onde massa vira presa
Enquanto o mundo vai girando, a gente vai remando
contra a maré
O barco quase afundando, estão dilacerando a nossa boa-fé.

Enquanto a banda vai tocando, a gente vai dançando
do jeito que dá
São tanto muros, tantas pedras, tantos pedágios
pra gente pagar.

Quem dera uma nova era que transpareça mais verdade
Quem dera tantas pessoas vivendo com dignidade
Não faz sentido essa miséria e essa eterna espera
de se melhorar
Promessas que não alimentam e milhões
pedindo pra Deus ajudar.

E em todos os continentes morrem inocentes
deste mesmo mal
Não dá para ver nenhum progresso
nesse universo assim tão desigual.

A gente não quer esmola, a gente não quer piedade,
A gente não quer descaso, nem ódio, nem fome, nem guerra
Que coisa mais descabida: falta comida e sobra terra!

Xô, miséria, xô, xô, xô, miséria
Ruas e favelas, mares e sertões
Xô, xô, xô, miséria

Xô, miséria, xô, xô, xô, miséria
Áfricas, américas e muito mais
Xô, xô, xô, miséria.

(De Elias Muniz,
um dos melhores compositores do Brasil,
esta significativa canção que Padre Dehon aplaudiria)

Profetas pró-mudanças

Pierre-Joseph Proudhon, antes mencionado, revelou-se profeta secular ao prever, cem anos antes, a Europa de hoje. Previu e propôs um federalismo de autogestão, economia particular e de Estado, cada qual com sua função regulatória, democracia econômica mutualista, consumo gerido por um sindicato da produção e do consumo, mercado comum europeu, democracia político-econômica, controle dos monopólios, moeda comum, capitalismo e socialismo vigiados. A seu modo, foi profeta. A produção e o comércio deveriam ser protegidos e vigiados. Enfim, propunha um regime econômico com salvaguardas para a liberdade, mas liberdade vigiada. O Estado seria vigiado, e o Mercado, também ele vigiado.

É, ainda, a questão dos nossos dias, visível por qualquer cidadão, na crise de 2008 que, por falta dessa vigilância, por açodamento dos bancos e indiferença do Estado, empobreceu o mundo, dizem os economistas, tudo somado, em vários trilhões de dólares. Não havia nem o dinheiro nem os bens propalados. Investiu-se e trabalhou-se com o inexistente. Foi fantasia econômico-liberal: projeções errôneas nas quais os incautos investiram sem prudência. Bento XVI disse-o em letras garrafais: foi ganância capitalista!

Sonhos cabíveis

Proudhon previa isso. O grupo que Padre Dehon seguia, também. Mas os remédios propostos não eram os mesmos. Hoje, quando temos as encíclicas de Leão XIII, João XXIII, Paulo VI, João Paulo II e mais de 50 documentos sobre a Igreja e a Questão Social, tudo é visto dentro de linhas mestras. Elas não existiam naqueles dias. Os sacerdotes e leigos que lutavam por uma Igreja solidária ao lado dos trabalhadores e dos oprimidos eram malvistos, como ainda o são hoje os que pregam mais do que esmola e ajuda aos pobres. Exorcizava-se e ainda se exorciza contra os pregadores que cantam ou pregam a Doutrina Social da Igreja. São vistos como homens menos ungidos... Padre Dehon passou por isso. Era acusado de ser um padre socialista, coisa que ele não era. Era, sim, um padre pró-democracia, sem a usura pantagruélica do capitalismo e sem a fúria ditatorial do socialismo escravocrata e incapaz de diálogo com qualquer oposição.

Capítulo 11

A DOR QUE DÓI NOS POBRES

Ele, hoje!

Tivesse o sacerdote obediente, mas cheio de paz inquieta, que era o Padre Dehon, tivesse ele conhecido os Documentos do Vaticano II, a *Gaudium et spes*, a *Lumen gentium*, a *Inter mirifica*, a *Unitatis redintegratio*, a *Apostolicam actuositatem*, o *Compêndio da Doutrina Social da Igreja*; tivesse ele lido, além da *Rerum novarum* do seu tempo – que ele divulgou intensamente –, também a *Mater et Magistra*, a *Populorum progressio*, a *Solicitudo rei socialis*, a *Centesimus annus*, a *Veritatis splendor*, a *Ut unum sint*, outras seriam as suas colocações sobre a questão social do seu tempo e sobre o judaísmo. Já o dissemos. Não havia, ainda, as linhas mestras de ecumenismo e de doutrina social que hoje conhecemos. Se, ainda assim, tantos pregadores de hoje erram ou se omitem, e há quem nunca os cita, imaginem naqueles dias em que a Igreja falava pouco de política e economia!

***

Vale hoje a advertência de João Paulo II na *Evangelium vitae,* como valeram alguns pensamentos do Padre Dehon, naqueles dias, a respeito da democracia:

> Não se pode mitificar a democracia até fazer dela o substituto da moralidade ou a panaceia da imoralidade. Fundamentalmente é um

"ordenamento" e, como tal, um instrumento, não um fim. O seu caráter "moral" não é automático, mas depende da conformidade com a lei moral, à qual se deve submeter como qualquer outro comportamento humano.

Registra-se hoje um consenso universal sobre o valor da democracia, o que há de ser considerado como um positivo sinal dos tempos, como muitas vezes o magistério da Igreja o assinalou. Mas o valor da democracia vive ou morre nos valores que ela encarna ou promove...

Em outras palavras, o voto da maioria não decide se uma escolha é boa. Os números nem sempre moralizam um crime. Maiorias de opinião, provisórias e mutáveis, não tornam certo o que é errado.

Os remédios que Dehon prescrevia

Nessas águas da justiça e da paz, da reparação e da caridade cristã, remara o Padre Dehon. Por isso, não acatava as outras propostas de democracia e os remédios por elas propostos sem o Coração de Jesus.

A Proudhon, que propunha um homem de coração novo, mas anarquista, e a Marx, que propunha o homem coletivizado, comunalizado, ele se opunha, sugerindo o homem novo de Paulo, solidário, livre em Cristo, fraterno e capaz de dialogar até a exaustão, sem crucificar ninguém. Os fins não justificam os meios.

Para o seminarista, o líder comunitário, o jovem sacerdote, o religioso, a religiosa educadora, ou cristãos que leram o *Compêndio da Doutrina Social da Igreja* e o *Catecismo da Igreja Católica* (CIC), as dez mais conhecidas encíclicas sociais e, na América Latina, Estados Unidos, África e Ásia, os documentos das suas conferências episcopais, parece hoje bem mais fácil adotar um discurso libertador e político dentro das linhas mestras da Igreja. A última grande guerra terminou em 1948 e, em poucas décadas, toda uma geração esqueceu aqueles horrores.

Mas no mundo inteiro as desigualdades cresceram. A Igreja decidiu agir. Menos de vinte anos depois convocou o Concílio Vaticano II, que propunha nova maneira de ver a vida, nova ordem mundial e um novo discurso religioso. Começou suas conclusões com a *Gaudium et spes*: uma revolucionária proposta de avaliar a presença da Igreja no mundo.

Desde então, após centenas de documentos de cunho social, os diagnósticos, a profilaxia e as receitas para os males sociais estão mais claros para um católico. Não era assim naqueles dias. A Revolução Francesa tinha se tornado remota demais, e o mundo ainda não tinha visto de perto as crueldades do capitalismo, do comunismo, do fascismo e do nazismo, nem as ditaduras desumanas de direita e de esquerda, menos ainda as duas bombas atômicas que caíram no Japão, nem o terrorismo de agora com os recursos de agora. Foi muito mais difícil para os sacerdotes e leigos daqueles dias dizer por onde iam. Os fatos e as reflexões vinham com mais lentidão. Também não havia ainda o cinema, a televisão e a Internet para informar em cima dos acontecimentos.

***

Nos seus livros sobre usura, sobre distribuição justa de bens, sobre democracia, sobre educação, e nas suas sempre concorridas conferências para a elite, visando formar seminaristas, sacerdotes e cristãos que influíssem na sociedade, Dehon batia na tecla do que hoje chamaríamos de solidarismo. Traçara um caminho!

Estão lá as propostas do que hoje se pode ler no livro *Teologia para outro mundo possível*, organizado por Luiz Carlos Susin (2006). Nas semanas sociais das quais Padre Dehon participava, havia cristãos buscando respostas sociais, políticas e espirituais para o seu tempo. As "semanas sociais" de ontem eram os fóruns de hoje. Eram como hoje propõe o Fórum Mundial de Teologia e Libertação. Iniciativas semelhantes na África, na Europa e na Ásia mostram um caminho que vem de longe. E nunca será aceito por cristãos temerosos de mudanças, até porque algumas delas começam bem e terminam em ditaduras. Vimos isso ontem, vemos isso hoje!

Mas ficar onde se está também não é possível. Tais cristãos não querem apenas converter o indivíduo dentro do seu grupo, supostamente já convertido para louvar Jesus e ajudar os irmãos. Eles querem influir nas leis e nos governos. Querem influir na ecologia e no comércio mundial. Querem outro comportamento para os bancos e as caixas econômicas do mundo. Querem influir na mídia e na educação dos indivíduos e dos povos. Querem um mundo democrático, sim, mas com oportunidades econômicas para todos os povos e para todas as comunidades.

Não querem coletivismos, mas querem coletividades respeitadas. Não querem individualismos crassos, mas querem a individualidade respeitada. Não aceitam ditaduras nem de direita nem de esquerda, nem do capitalista, nem do trabalhador, mas querem leis que permitam a todos o seu espaço e que protejam quem produz, quem comercializa e quem compra. Tudo isso já se discutia no tempo do Padre Dehon. Os *padres ativistas* de hoje são herdeiros dos *abbès democrates* da França de ontem. Lá como cá, houve exageros e, lá como cá, não foram nem serão entendidos por todos.

***

Utopia? Eles a perseguem. Padre Dehon também as perseguia com os sacerdotes e leigos democratas do seu tempo. Para o que chamava de *desordem nos espíritos, desordem moral, crise intelectual e religiosa* (Roma 14/01/1897), ele propunha, em primeiro lugar, o conhecimento dos males do seu tempo, a esperteza de saber o que os outros andavam ensinando e para onde Marx, Proudhon e dezenas de outros pensadores ou economistas, homens de mídia e líderes políticos da época, estavam levando a sociedade.

***

Dehon inquiria sobre as respostas que alguns pregadores andavam a oferecer e que respostas a Igreja poderia dar, se os padres soubessem mais sociologia e lessem mais. *Já vimos como ele assustava-se com a ignorância dos futuros e dos velhos padres sobre as questões sociais do seu tempo. O mundo lá fora pegava fogo e eles, nas suas reuniões e sacristias, não mudavam o discurso. Não é que não quisessem. É que não liam e, por isso, não sabiam o que dizer. Porque não liam, não sabiam para onde o mundo estava sendo levado.*

Forças poderosas influíam na macroeconomia, na política e nos costumes. A Europa se descristianizava e os pregadores louvavam a Deus pela meia dúzia de frequentadores que ainda iam aos templos... Irado e irônico, ele gritou bem alto:

> Qual é a política do Evangelho? Quais foram as opções sociais do Salvador? Ele veio para libertar os pequenos. Os profetas o haviam anunciado e Nosso Senhor o repetiu: "Meu Pai me enviou para levar aos pobres a Boa-Nova de sua libertação: '*Evangelizare pauperibus misit me*'" (Lc 4,18). Toda a vida de Nosso Senhor,

todos os seus exemplos, todos os seus ensinamentos tendem para o mesmo fim: a libertação dos pequenos pela caridade cristã, que não faz acepção de pessoas. Ninguém pode pôr em dúvida, neste sentido geral, o espírito democrático do Evangelho. Isso está escrito em todas as linhas...

É dele, ainda, o grito:

A democracia cristã é um fruto natural do Evangelho, mas isto precisa ser explicitado (*Programa Democrático*, 1898, Roma, 21-28 de abril).

As dores daqueles dias

Se Luiz Veuillot chamava o trabalho pesado mal remunerado e insalubre de "homicídio organizado, em grande escala", Von Keteller classificava de assassinato isso de pôr o operário a serviço da máquina, e não a máquina a serviço do operário. Para o Padre Dehon, a Europa se industrializava, mas, para isso, massificava, massacrava e se desumanizava.

Falava ele, com todas as letras, nas suas conferências sobre a Democracia Cristã, de 21 a 28 de abril de 1898, contra o mal-estar dos trabalhadores:

1. ambientes de trabalho insalubres, fábricas sufocantes, barulhentas, poeirentas, trabalhos em minas;

2. trabalho das mulheres e crianças nas fábricas;

3. aglomeração urbana sem condições de habitabilidade;

4. instabilidade do mercado e insegurança quanto ao futuro;

5. ruptura com os ideais do passado. Ruptura de laços com o torrão natal, com o povoado, com a família, com costumes tradicionais, com o pedaço de chão.

Não vemos o mesmo no êxodo dos campos e no inchaço das nossas periferias? O desenraizado era vítima dos exploradores. Por isso, ele lutava pela pequena propriedade "que restaura a dignidade humana, pela participação nos lucros da empresa, pela ascensão democrática das massas". E tomava o cuidado de lembrar que todas essas reformas eram solicitadas pelo Papa Leão XIII. Chamava-o de "o primeiro democrata cristão".

É dele a frase:

> Na prática é preciso: pregar com vigor a democracia cristã, opor as suas promessas às da democracia socialista, mostrar a ação social da Igreja pela filosofia da história.

Também é dele a irônica observação:

> Sem dúvida, a encíclica de Leão XIII proclama a eficácia da esmola e da resignação, mas põe em primeiro lugar o cumprimento da justiça... Leão XIII não vê as coisas do mesmo modo com que as veem os católicos conservadores, que não enxergam outros meios de salvação, senão as duas virtudes pessoais: a beneficência cristã, da parte dos patrões, e a resignação, por parte do operário...

Mais do que esmola

Mais do que esmola, o Papa ressalta os direitos trabalhistas. Dehon relembra isso. A solução para os males do mundo não é mais esmolas: são os direitos humanos. Há muita coisa melhor do que o direito de receber e o dever de dar esmola, por exemplo: o direito ao trabalho, ao salário digno e ao respeito que todo ser humano merece. Padre Dehon era totalmente a favor dos sindicatos de patrões e de operários.

Via isso como diálogo e conquista da democracia. Militava nos dois lados e não achava impossível fazê-lo. Antes, é missão do sacerdote defender quem empreende, quem possui, quem trabalha, quem vende, quem produz e quem compra. Cada qual com os seus direitos.

Agiotagem e usura, ele não suportava. Por isso, diz, no número XVII, da conferência de 11 de fevereiro de 1897, sobre "O judaísmo, o capitalismo e a usura", as palavras que lhe renderam a acusação de antissemitismo. Apliquemos o que ele dizia aos capitalistas de hoje, judeus e não judeus, ateus e agnósticos, americanos, cristãos e muçulmanos:

> A usura entre os próprios capitalistas, ou os manipuladores do dinheiro, é ainda mais manifesta. Ela se reveste de múltiplas formas. Citemos a agiotagem financeira, os golpes na bolsa, os boatos, o lançamento de negócios podres, a publicidade mentirosa, os pregões, os boletins financeiros, os *bookmakers*... Toda uma população vive disso, assim como os piratas da Algéria viviam das suas rapinas.
>
> É preciso agir com obras e associações. Organizar-se. Falar é bom, mas agir é melhor. Os verdadeiros defensores dos fracos, os verdadeiros democratas cristãos são os que, hoje, criam caixas de crédito, sindicatos rurais, secretariados do povo, instituições de previdência...

Padre Dehon assim se expressava no final do século XIX. Quem acompanhou a crise financeira do mundo em 1929 e, agora, em 2008 não pode deixar de lhe dar razão. Tenho dois amigos judeus que me falam que se incomodariam se eu dissesse que só os judeus fazem isso, ou que, naqueles dias, só os judeus assim agiam. Entendem que são injustiças que o próprio judaísmo condena.

Aqueles financistas e *bookmakers* da época agiam assim não porque eram judeus, mas apesar de serem judeus; da mesma forma que cristãos católicos e evangélicos assim agem hoje não por serem cristãos, mas apesar de o serem. *Quando o dinheiro vira um jogo, quem mais sofre são os pobres.*

Dor que dói nos pobres

Quem quiser saber mais sobre os sofrimentos dos pobres no tempo do Padre Dehon, encontrará centenas de livros sobre o capitalismo europeu dos anos 1800 a 1900. Se buscar dados sobre a formação e o nascimento das correntes capitalistas e socialistas e sobre os anarquistas daqueles dias, terá vasta literatura à sua disposição. Limito-me a situar o Padre Dehon nesse período. Ele viu para onde iria o mundo. Nós vimos para onde foi!

Se hoje nos enchemos de ira diante da corrupção gerada por tais sistemas, imagine como eram os tempos em que ele viveu! Se em 2008 nenhum mecanismo segurou os banqueiros da sua sanha por lucro desmedido, naqueles dias havia ainda menos mecanismos a controlar a usura dos capitalistas de então. A diferença é que o Padre Dehon não fez de conta que não era com ele. Arriscou e agiu.

Cantar com Leão Dehon

São mais de duzentas as canções que nós, os discípulos de Leão Dehon, cantamos em nossas liturgias e encontros. São poemas e hinos que nos caracterizam. Só elas dariam um livro à parte. Escolhi algumas que traduzem mais de perto não necessariamente o pensar de Leão Dehon, mas o conteúdo deste livro e da espiritualidade do servir e do ir. O leitor preste atenção nas letras. As melodias estão em CDs lançados por Paulinas/Comep.

Coração sereno

Dá-me um coração sereno.
Dá-me um coração amigo.
Grande mas também pequeno.
Dá-me um coração irmão.

Dá-me um coração sensato.
Dá-me um coração inquieto.
Dá-me um coração fiel.
Dá-me um novo coração.

Quero tanto aprender, junto do teu coração.
Quero amar e conhecer, conhecer o teu coração.

Dá-me um coração humilde.
Dá-me um coração aberto.
Dá-me um coração bonito.
Dá-me um coração capaz.

Dá um coração sincero.
Meigo mas também sem medo.
Dá um coração feliz.
Dá um coração em paz.

(Pe. Zezinho, scj)

Um coração para amar

Um coração para amar
Pra perdoar e sentir
Para chorar e sorrir
Ao me criar tu me deste.

Um coração pra sonhar
Inquieto e sempre a bater
Ansioso por entender
As coisas que tu disseste.

Eis o que eu venho te dar
Eis o que eu ponho no altar
Toma, Senhor, que ele é teu
Meu coração não é meu.

Quero que o meu coração
Seja tão cheio de paz
Que não se sinta capaz
De sentir ódio ou rancor.

Quero que a minha oração
Possa me amadurecer
Leve-me a compreender
As consequências do amor.

(Pe. Zezinho, scj)

Conheço um coração

Conheço um coração tão manso, humilde e sereno
Que louva o Pai por revelar seu nome aos pequenos
Que tem o dom de amar, que sabe perdoar
E deu a vida para nos salvar.

Jesus, manda teu Espírito
Para transformar meu coração.

Às vezes no meu peito bate um coração de pedra
Magoado, frio, sem vida, aqui dentro ele me aperta
Não quer saber de amar, nem sabe perdoar
Quer tudo e não sabe partilhar.

Lava, purifica e restaura-me de novo
Serás o nosso Deus e nós seremos o teu povo
Derrama sobre nós a água do amor
O Espírito de Deus, nosso Senhor.

(Pe. Joãozinho, scj)

No coração de Deus

No coração de Deus encontrei a fonte do amor
Que me amou até o fim e entregou-se a si mesmo por mim
No coração ferido transpassado do Salvador
Contemplei a fonte de vida que eu proclamo com novo ardor.

Profeta, profeta do amor, és ministro da reparação!
Profeta, profeta do amor, o teu grito é nossa canção!

No coração do mundo percebi a ingratidão
Dessa gente que não vê: nosso Deus também tem coração!
No rosto oprimido do meu povo em aflição
Contemplei a face de Cristo que suplica por libertação.

No coração da Igreja partilhamos do mesmo Pão
Ao redor da mesma mesa uma grande família de irmãos

Dentro do nosso peito bate um Novo Coração
Que repete a cada instante: "Somos um" na mesma oblação.

(Pe. Joãozinho, scj)

Põe teu coração no meu

Põe teu coração no meu
E o meu coração no teu
Não tenhas medo de abraçar a cruz
Tens também meu ombro e minha força, eu sou Jesus!

Vem comigo, vem que eu sei
A jornada é longa e eu direi
Quais os perigos de me acompanhar
É um caminho estreito, mas é feito pra chegar.

Segue os passos que eu darei
Prende a tua cruz na minha
Vai servir teu povo, faça como eu
Ele sofre menos quando encontra um Cireneu!

Vai ao povo como irmão
Se preciso, estende a mão
Não tenhas medo do meu verbo amar
Tem seus contratempos, mas o tempo é de ajudar.

Teu projeto eu já tracei
Vai ao povo que eu te ensinarei
O jeito certo de me anunciar
Basta que me peças que eu te ensino a não errar.

Usa a fé com mais razão
Busca mais sabedoria
Pra chegar ao povo, sê um aprendiz
Do que o povo fala e do que a minha Igreja diz.

(Pe. Zezinho, scj)

A dor que sempre doeu

Repassemos os fatos. A história do mundo é um tabuleiro de xadrez no qual reis e rainhas caem, peões vencem e são vencidos, torres caem, até que não haja mais o que tomar do outro. Começa novo ciclo e novo jogo onde alguém será conquistado e alguém conquistará... Como no tempo do Padre Dehon, os países ricos e "democratizados" distribuem o trabalho e alguma riqueza, mas concentram o poder e as finanças. Com o tempo, externamente impõem um preço às mercadorias dos outros; se preciso vão à guerra pela hegemonia e, internamente, começam a cobrar mais caro para manter a guerra que tiveram que fazer para manter a hegemonia conquistada.

Os impostos às vezes beiram a 50%. Quando, finalmente, manter tantos funcionários se torna excessivamente caro, os grupos se revoltam e derrubam o governo que derrubou seus predecessores. Ou o país se reorganiza e volta a ser democrático, ou entra em declínio. Não é nada brilhante a história do capitalismo liberal e a do comunismo que se intitula socialismo, mas que, na verdade, é outro tipo de capitalismo. Um é de grupos e outro é do Estado.

***

A América Latina é um exemplo a considerar. Dos anos 1945 para cá assistimos à ascensão da direita festiva com ditadores civis ou militares nos mais diversos países ao sul do Equador. Eram democracias adolescentes, encenadas por partidos políticos sem raízes, que ora sucediam aos ditadores militares, ora os depunham com passeatas. A eles sucederam democracias frágeis e erráticas, sem planejamento e sem as reformas políticas, econômicas, eleitorais, agrárias e outras tantas que cada país exigia. Adiavam-se os projetos, segundo os interesses dos partidos que chegavam ao poder. A corrupção corria solta. Os políticos eram incorrigíveis. O que se prenuncia agora são novas ditaduras de esquerda com governos esquerdistas festivos, misto de comunalismo, socialismo moreno, ditadura militar, ditadura civil, com desorganização econômica da produção e gastos acima dos limites de cada nação.

Em poucos anos veremos, outra vez, o empobrecimento das classes trabalhadoras em favor de oligarquias políticas, sem projeto maior do que revanches e novas classes no poder. Líderes fortes ou ditadores como Perón, Getúlio Vargas, Fidel Castro e, agora, Hugo Chávez e Evo Morales encenarão um misto de democracia e de neossocialismo no poder. Outra vez o tabuleiro de xadrez será mexido, sem vitória visível de nenhum lado. A miséria continuará, porque a distribuição não acontecerá. Serão contemplados os que apoiam o ditador ou o partido no poder. Para as suas ONGs e projetos sempre haverá subsídios mais polpudos.

$$***$$

O *Documento de Aparecida* (2007) mostra um novo tipo de pobreza e novos rostos de dor causados pela globalização. Nos números 62, 65 e 402 desfilam a crescente concentração de poder e de riqueza em mãos de poucos e o aumento da pobreza de conhecimento e de uso e acesso a novas tecnologias. O progresso, como sempre, caiu nas mãos de quem pode comprá-lo.

1) Comunidades indígenas e afro-americanas ainda hoje tratadas sem igualdade de condição; 2) mulheres excluídas ou mal remuneradas em razão de seu sexo; 3) exclusão por raça ou situação

socioeconômica; 4) jovens vítimas de baixa qualidade de educação e, por isso, sem oportunidade de entrar no mercado de trabalho; 5) adultos desempregados, ou na economia informal; 6) migrantes; 7) deslocados; 8) agricultores sem terra; 9) famílias sem teto; 10) pessoas diferentes, vítimas de exploração, piada e de riso na mídia e no mundo dos espetáculos; 11) prostituição infantil e estupros; 12) turismo sexual em busca de crianças e adolescentes; 13) aborto disseminado; 14) fome em alguns países; 15) enfermos vítimas de descaso à porta de hospitais; 17) dependentes de droga; 18) vítimas do HIV/AIDS; 19) sequestros, seguidos de exigência de dinheiro; 20) insegurança por medo da violência urbana e rural; 21) vítimas do terrorismo de Estado ou de grupos armados em alguns países; 22) idosos sem chance alguma de emprego; 23) medicina cara e aposentadoria insuficiente; 24) prisões superlotadas e detentos sem chance de reintegração; 25) exclusões sociais de todos os tipos, uma cultura de morte; 26) trabalho escravo em fazendas; 27) homens e mulheres não apenas explorados, mas tratados como supérfluos e, por isso, descartados ainda em vida.

No livro *Uma breve história do futuro* (2008), assim se expressa Jacques Attali:

Muitos nos Estados Unidos e em outros lugares predizem que a História não contará daqui para a frente nada além da generalização do mercado, depois da democracia, dentro das fronteiras de cada país. É o que chama de "fim da História". Essa evolução, dizem eles, se fará natural e pacificamente. Ainda, segundo eles, não se exigirá uma guerra das democracias contra as últimas ditaduras. Não foi bombardeando Moscou que se acabou com a União Soviética, nem é bombardeando Bagdá que se "democratizará" o Iraque. Nem mesmo recorrendo a sanções econômicas, pois nenhum embargo jamais venceu uma única ditadura. Os povos, esperam eles, se liberarão por si próprios, pelo simples jogo do crescimento econômico, da transparência da informação e da expansão das classes médias. A ordem comercial será, então, policêntrica, isto é, uma justaposição de um número crescente de democracias de mercado, em torno de algumas potências dominantes.

Diz ainda:

O capitalismo só estará mais vivo, mais dinâmico, mais prometedor, mais dominador. Os que anunciaram o seu enterro pagarão, de novo, a conta. Por volta de 2025, sob o peso das exigências do mercado e graças a novos meios tecnológicos, a ordem do mundo se unificará em torno de um mercado que se tornou planetário, mas sem Estado. Começará o que chamarei de "hiperimpério" que desconstruirá os serviços públicos, em seguida a democracia, depois os Estados e as próprias nações.

Vale lembrar que o G7 se tornou G8, depois G14 e G20. A história e a economia não podem mais ser geridas por apenas sete ou oito nações. Talvez agora a ONU funcione de verdade!

***

Uma leitura dos textos do Padre Dehon mostra que ele temia exatamente isso. Ficam claras as suas previsões na conferência de 18 de fevereiro de 1897, sobre o *Socialismo e a Anarquia*, publicada na *Le Règne du Coeur de Jésus*. Previa que, instalados no poder e na mídia, os dois lados, pró-capitalistas e pró-socialistas, trabalhariam na desconstrução da ordem familiar, do matrimônio, da caridade cristã. E alerta que o brado de alarme do Papa: "Ide ao Povo", tinha que ser levado a sério. Estavam minando as bases do que pretendia ser uma sociedade cristã. É dele a frase:

Vamos ao povo para esclarecê-lo, instruí-lo, amá-lo. Vamos a ele com um programa social preciso, com obras realmente populares, com uma atividade incessante.
Leão XIII no-lo disse tantas vezes: "Vamos a este povo que sofre e que procura a salvação nas utopias. Vamos a ele com uma verdadeira ciência social e com as obras. Desmascaremos os

socialistas, mostremos os verdadeiros remédios para o mal social. Amemos o povo, defendamo-lo. Ele nos espera, ele nos amará, ele nos defenderá por sua vez".

Detectou um país cheio de pobres envergonhados que se escondiam e nem sequer imaginavam que suas vidas pudessem ser melhores. Previa cada dia maior abandono e um poder cada vez mais omisso dos Estados. Por isso, a necessidade de o povo organizar-se com o apoio da Igreja. Disse-o de muitas maneiras e em muitos escritos.

O país envergonhado

Dehon era homem culto, de muitas leituras. Seus livros mostram o quanto ele lia. Em contraste com inúmeros sacerdotes jovens ou anciãos de ontem e de hoje, ele queria saber o que o mundo dizia. Detectou um país cheio de pobres envergonhados que se escondiam e nem sequer imaginavam que suas vidas pudessem ser melhores. Previa cada dia maior abandono e um poder cada vez mais omisso dos Estados. Por isso, a necessidade de o povo organizar-se com o apoio da Igreja. Disse-o de muitas maneiras e em muitos escritos. Lembrava ele:

> As beatificações e canonizações celebradas pela Igreja são de um oportunismo providencial. Em nossa época, ela elevou aos altares dois santos franceses: Pierre Fourier e Jean Baptiste de la Salle. Ambos são exemplos de ação social. Pierre Fourier foi a providência dos campos e dos pobres. Ele fundou os primeiros bancos de crédito para agricultores. Jean Baptiste de la Salle foi enviado por Deus para cristianizar a democracia a caminho do poder. [...] O povo se tornará amigo do padre e da Igreja, quando o padre se tiver feito o amigo do povo (Ação Social da Igreja e do Padre. Como renovar uma sociedade cristã? *Le Règne du Coeur de Jésus*, set.-out. 1900).

Que sociedade o cerca, agora? Leio Jacques Attali, *Uma breve história do futuro*, nas páginas 151 e 152 da versão em português:

Os Estados entrarão em concorrência por uma queda maciça dos impostos sobre o capital e sobre a classe criativa, o que os privará progressivamente do essencial dos seus recursos. Exaustos e também obrigados pelo surgimento dos autovigilantes, os Estados abandonarão ao mercado o cuidado de propor a maior parte dos serviços relativos à educação, à saúde, à segurança e até mesmo à soberania. Primeiro, deslocando os serviços públicos para os países com mão de obra barata, depois, privatizando-os. Então, os impostos cairão. As rendas mínimas e os estatutos que protegem os mais fracos desaparecerão. A precariedade se generalizará.

Na falta de Estado, as empresas favorecerão, dessa forma, cada vez mais quem pode consumir, contra os trabalhadores cujas rendas diminuirão.

O contrato prevalecerá cada vez mais sobre a lei. Os mercenários sobre os exércitos e sobre as polícias. Os árbitros, sobre os juízes. Os juristas de direito ganharão destaque.

Nem a esquerda, nem a direita poderão impedir a privatização progressiva da educação, da saúde, da segurança, do seguro, tampouco evitar a substituição desses serviços por objetos produzidos em série e, dentro em breve, a chegada do "hiperimpério". A direita chegará até mesmo a acelerar essa chegada com privatizações. A esquerda fará o mesmo, dando à classe média os meios de alcançar mais equitativamente o tempo como mercadoria e o consumo privado. A apropriação pública das grandes empresas não será mais uma solução digna de crédito. O movimento social não terá mais a força de se opor ao mundo como mercadoria.

Governos medíocres apoiados em raros funcionários e parlamentares desacreditados, manipulados por grupos de pressão, continuarão a dar um espetáculo cada vez menos frequentado, cada vez menos levados a sério. A opinião (pública) não se interessará mais pelos seus feitos e gestos na mesma medida em que não se interessa hoje pelos últimos monarcas do continente europeu.

As nações não serão nada além do que oásis em competição para atrair caravanas de passagem. [...] A África de amanhã não se assemelhará, portanto, ao Ocidente de hoje. É bem mais o Ocidente de amanhã que se parecerá com a África de hoje...

Você está vendo, aqui mesmo, no Brasil e na América Latina, e penso que, também, na Europa e na Ásia, a *avant-première* das predições de Jacques Attali. Importante é notar que, com outra linguagem, mas com a mesma antevisão, o Padre Dehon escreveu essa desconstrução, cem anos antes, ao raiar de 1900. Previu e agiu.

***

A pergunta agora se volta para você. Seu grupo ou seu modo de entender a religião lhe permite ver, hoje, o que o Padre Dehon viu no seu tempo? E qual será sua resposta? Vai viver como se o mundo não tivesse gravíssimos problemas sociais? Vai orar para salvar-se e ganhar o céu, ignorando a salvação também física e material dos outros? Seu Deus é o Deus do "Salve-se quem puder"? *Padre Dehon pensava, antes dos Concílios Vaticano I e II e dos Documentos Sociais que hoje conhecemos, que o caminho era o outro. Sem o outro não há salvação pessoal!*

*Dehonianos
suavizando cruzes*

Acolhedores

Diferentes mas iguais

Nunca foi fácil...

Fé que partilha

Sobrevivendo aos espinhos

Pão que faz sentido

Homem de perspectivas

Profundamente eucarístico

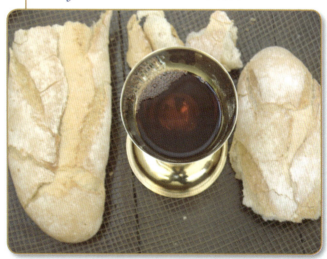

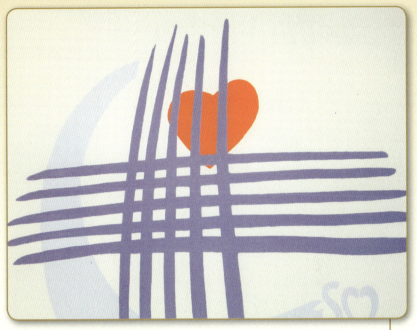

Muitas cruzes e um coração

Ir ao povo

"*Ide aos jovens!*"

"Fundei uma congregação imperfeita..."

"Ide ao povo!"

"Por ele eu vivi, por ele eu morro"

Por todos os meios

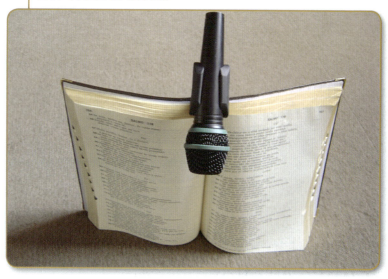

De cruz no peito

Como faz o oleiro

Como ovelhas

Unum sint

Onde mais precisem...

Ver mais do que se vê, mais longe do que os olhos

Profetas do verbo ir

O jovem cônego voltado para o social

Trigo que ninguém colheu

Aprendendo com ela

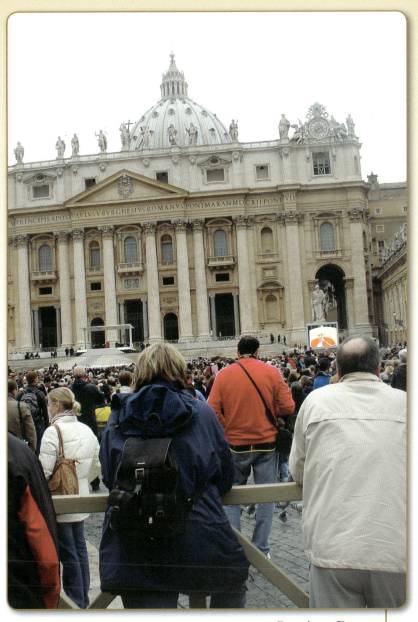

Ouvir o Papa

Unidos e, por isso, fortes

Sem elas, impossível

Fiel ao Bispo de Roma

Profetas da reconciliação

Questão de habilidade

Profetas do pão e da Palavra

Sua obra vem de Deus

Homens cultos e preparados

Difícil, mas transitável

Sempre daqui e aqui

Igreja de portas abertas

Águas da libertação

Eucarísticos

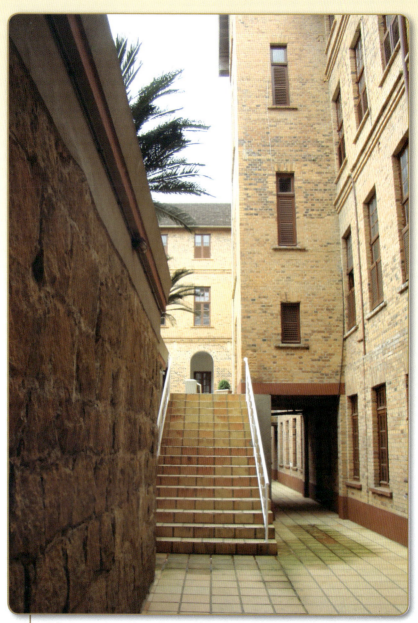

Obras com um porquê

Capítulo 12

LEÃO QUE ÀS VEZES RUGIA

Rugiu certo? Rugiu errado? Rugia sempre? Leão Dehon alternou entre o anúncio e a denúncia. Dizer que Dehon era guerreiro, soldado em ordem de batalha, seria exagero. Não era! Mas dizer que era cordeiro, também seria engano. Ele era de reagir. Escolheu a arma do convencimento. Mentalizar era o caminho. Para isso, tinha apenas sua pregação e a força da palavra. Tornou-se um homem de congressos. Ia aonde podia para encontrar quem pensava como ele sobre a questão social. Eram pessoas influentes e cérebros pensantes. Empresários, políticos, sacerdotes, escritores, diretores de jornais e revistas, educadores estavam lá. Isso lhe dava coragem de falar mais alto.

Quando não era convidado a pregar, ouvia e participava, tomando o cuidado de fazer anotações e repercutir. Quando era chamado, tinha preparo e cultura suficientes para rugir como leão. E foi o que fez. Falava, escrevia, apontava para Leão XIII e para a democracia cristã. Imperfeito, sim! Quem não é? Omisso, nunca! Era de falar e, se preciso, de rugir. Mas nunca deixou de ser cavalheiro. É o que dizem os seus biógrafos.

Um pouco João e outro pouco Leão

Ficou cada dia mais claro na vida de nosso biografado que ele teria que dosar entre sua gentileza e o seu grande amor pela verdade e pela justiça. Chegava a ser trágico na sua disposição de sofrer; se preciso, ele próprio, mas não os outros. É possível ser gentil e ao mesmo tempo exigente? G. Manzoni, um de seus competentes biógrafos, afirma que sim. Diz ele no livro *Leão Dehon e sua mensagem*:

> Começa assim: "*Erravi sicut ovis quae periit. Ovis, ovis electa et dilecta – sacerdos et victima!*" – "Como ovelha desgarrada vou errando" (Sl 119[118],176). "Ovelha, ovelha escolhida e querida – sacerdote e vítima."[1] [...]
>
> Nosso Senhor chama-me à reparação. Devo aceitar humilde, paciente e generosamente as cruzes que a Divina Providência me manda. A mortificação é a condição de todas as graças.[2] [...]
>
> Sendo a minha vocação especial à reparação, preferirei, segundo o beneplácito de Deus e o proveito da sua Obra, que Ele me leve pelo caminho dos sofrimentos antes que pelo da saúde, na pobreza mais do que nas riquezas, pelo caminho do desprezo mais que pelo das honras. *Aut pati aut mori* (ou padecer ou morrer).[3] [...]
>
> "*Attraxisti me et attrahis me ut cordi tuo amantissimo et moestissimo amorem et consolationem exhibeam*": "Atraíste-me e atrais-me para que ofereça amor e consolação ao teu coração amantísssimo e tristíssimo".[4] [...]
>
> Alguns dos teus ministros combatem com moleza e atraíçoam-te. Quero compensar-te e consolar-te com o meu amor, com o meu zelo e com uma contínua reparação, com a ajuda da tua graça, sem a qual nada posso. Ofereço-me completamente a ti. Tu abraçaste a pobreza e o desprezo, eu também quero abraçá-los contigo (p. 177).[5]

Além do mais, os escritos revelam esta disposição de *anunciar sempre, denunciar, se preciso*. Admirador de

---

[1] NHV XIV, 28.

[2] NHV XIV, 31.

[3] NHV XIV, 32.

[4] NHV XIV, 35.

[5] NHV XIV, 36.

São João e do evangelho que lhe traz o nome, ele alternava entre a severidade na polêmica contra os injustos e a ternura diante do pecador. Suas meditações revelavam esta caridade. Desabafou na mesma ocasião:

> "Reconheço que, usando mais autoridade e firmeza em certas circunstâncias, consigo guiar melhor as almas. Pequei muitas vezes por excesso de bondade. Não tomei suficientemente a peito os interesses de Nosso Senhor. Não me apercebia que, tornando-me demasiado bom com os homens, não era suficientemente bom com Nosso Senhor, que eu deixava ofender".[6]
> "A minha consciência repreendia a minha fraqueza e a minha excessiva bondade." As observações autocríticas do P. Dehon são duras consigo próprio. São certamente verdadeiras, mas é preciso completá-las e, em parte, corrigi-las, com o testemunho das pessoas que conheceram e viveram com ele, relevando também a sua grande energia, quando era necessária.[7]

Polêmico e brilhante conferencista

Diz o *Documento de Aparecida* n. 229 – e já o mencionamos – que "se faz necessário reabilitar a autêntica apologética que faziam os pais da Igreja como explicação da fé. A apologética não tem por que ser negativa ou meramente defensiva per se".

Leão Dehon, o padre, o sociólogo e o apologeta, nunca fugiu de um bom debate. Não procurou, mas não fez de conta que não era com ele. Há o conferencista que se anuncia conferencista e, num trabalho de marketing bem urdido, se faz convidar para falar. Assim que seu nome se eleva, cobra caro pela sua capacidade. Não foi o caso do Padre Dehon.

---

[6] NQ IV, 35v: 17.4.1888.
[7] NQ IV, 54v: 5-6.8.1888.

Ele era chamado. Seus escritos na *Le Règne du Coeur de Jésus*, seus livros e seu currículo o recomendavam. Se, na Europa, não era uma das vozes mais conhecidas do seu tempo, como Von Keteller, Cardeal Gibbons, De la Tour de Pin e vários outros autores mais conhecidos – e nós dehonianos não cometeremos o erro de deturpar os fatos para ressaltá-lo –, obras como as que escreveu o credenciavam para ser um conferencista brilhante.

***

Um sociólogo bastante conhecido no Brasil, que não me autoriza declinar seu nome, ao me ouvir falar do Padre Dehon mostrou estranheza. Nunca ouvira falar dele nos seus estudos de sociologia. Falei do *Manual Social Cristão*, do *Catecismo Social*, escrito há mais de cem anos antes do atual *Compêndio da Doutrina Social,* do Vaticano; falei de *A Renovação Social Cristã*, de *Diretrizes Pontifícias*, de *A usura nos tempos de agora*, de *Riqueza, mediocridade e pobreza,* de *O plano da franco-maçonaria*, obras muitas das quais ainda não traduzidas. Sugeri o livro de G. Manzoni, *Leão Dehon e sua mensagem*. Tirei cópia e, semanas depois, recebi dele a observação:

> Vocês, dehonianos, deveriam divulgá-lo mais. Acho que o que falta para o padre é um pouco mais de marketing. Ele representou e representa alguém com um discurso, senão novo, profundamente provocador (G. M. F.).

De fato, basta ler suas conferências, algumas delas traduzidas em português, para se perceber seu entusiasmo pela Igreja que se comprometia com os direitos humanos. Indico, ainda para quem deseja uma leitura popular, *A Renovação Social Cristã: Conferências Romanas 1897-1900*; e os livros

Padre Dehon: pioneiro social, de Gervásio Palermo, *Leão Dehon*, de Yves Ledure, *Construir a civilização do amor*, da Província Portuguesa dos Sacerdotes do Sagrado Coração de Jesus, ou, embora acadêmico, o bastante acessível: *Leão Dehon e a educação*, de João Carlos Almeida, scj.

Ele tinha o que dizer e disse!

Essencializar

As diferenças entre os santos nem por isso tornam uns e outros menos católicos e menos santos. Mas pode haver e há ênfases que passam pelo viés e pela tangente. Bento XVI, usando uma expressão de Romano Guardini, responde, na página 408 de *Dio e il Mondo* (2001), a Peter Seewald que, na Igreja, se deve buscar a "essencialização". Temos que descobrir a viga mestra da nossa doutrina e acentuar o que é valor perene. Se o acidental receber destaque excessivo, seja questionado. Não havendo o transversal, pode-se cair no viés. Cai-se no que o Vaticano e João Paulo II chamaram de *Igreja light*, em 4 de junho de 2000, ao falar sobre a *Ética nos meios de comunicação*.

Aprofundemos um pouco mais sobre o Padre Dehon e seu desejo de repercutir a palavra da Igreja.

Primeiro, a Igreja!

É um aspecto da profecia do Padre Dehon que vale a pena conhecer: seu amor pela Igreja. É bonito ler seus escritos. Seu encantamento com Cristo o leva ao encantamento com a Igreja. E daí se a Igreja tem e teve desvios e pecados? Que religião ou novel Igreja não os tem? Anjos não precisam de Igreja. Humanos, sim! E os humanos erram. Os adversários divulgam os erros da Igreja e cabe aos católicos divulgar seus acertos. Isso Leão Dehon faz em diversos livros e conferências. Era um ardente apologeta. Sim, a Igreja é civilizadora! Livros como os já mencionados, compêndios como suas conferências sociais e dezenas de outros escritos destacam esta faceta admirável do nosso biografado.

***

Encantado com sua Igreja, Dehon mostrou, por escrito e em conferências, a beleza de ser católico apostólico romano. Se os adversários estavam lá, escancarando sem nenhuma consideração as mazelas da Igreja, eles que também tinham suas chagas morais, por que não haveria um pregador católico de exaltar os triunfos e as vitórias da sua Igreja? Se os ateus, agnósticos e outros grupos de fé ou de pensamento exalta-vam os seus "heróis", por que a Igreja ignoraria os santos e pensadores que se formaram na sua escola? Tornou-se um polemista apaixonado. Havia muita coisa a corrigir na Igreja, mas havia séculos de benemerências e processo civilizatório a falar em favor dos seus pensadores e missionários. Havia perdão a pedir pelos pecados, mas havia graças a dar pelas virtudes. Era maravilhoso ser católico!

***

A Igreja tornou-se cada dia mais sua vida, assim como o Sagrado Coração de Jesus o era. Um livro que já mencio-nei, de agradável leitura e conteúdo envolvente, editado pela Província Portuguesa dos Sacerdotes do Sagrado Coração e assinado por diversos autores dehonianos de Portugal, res-salta o homem de Igreja que era o Padre Dehon. Trata-se do livro *Construir a civilização do amor*, disponível em: <http://www.dehonianos.org>; <http://www.dehon.it>.

Sobre isso não pairam dúvidas. Leão Dehon e suas ideias não vinham primeiro. Primeiro vinha a Igreja. Primeiro, a fala do Papa. Primeiro, os bispos. Primeiro, a história empolgante de uma Igreja repleta de santos e mártires. Nunca se poderia esquecer a sua contribuição no processo civilizatório do mundo. Os adversários talvez desequilibrem muitos católicos que recebem apenas a sua anticatequese. Que a catequese católica mostre aos fiéis o verdadeiro rosto da Igreja!

Místico e ativista

Um aspecto notório e notável da vida de Leão Dehon foi sua vida de místico ativista. Por mística entende-se alguém voltado para o mistério, olhos mais longe, coração mais aprofundado no aqui e no depois. Vive a dimensão do "aqui-agora" e do aqui em função do depois. Supõe-se do místico que seja pessoa contemplativa do aqui e do depois. Pessoas superficiais não conseguem ser místicas. Faltam-lhes abrangência e profundidade. Paulo a isto se refere em Ef 3,17-19, ao dizer que pregava:

> [...] para que Cristo habite pela fé nos vossos corações; a fim de, estando arraigados e fundados em amor, poderdes perfeitamente compreender, com todos os santos, qual seja a largura, e o comprimento, e a altura, e a profundidade, e conhecer o amor de Cristo, que excede todo o entendimento, para que sejais cheios de toda a plenitude de Deus.

O místico é alguém que sabe que além da montanha há mais montanhas e da mesma fonte jorrará mais água. O depois, para ele, também é concreto; assim, o invisível.

Não é um alienado. É um mergulhador! Busca pérolas onde ninguém jamais buscaria. Para ele, Deus é mais!...

***

Há místicos reclusos e isolados em todas as religiões. Há místicos e ativistas em todas elas. Grandes monges e teólogos deram sua contribuição para a Igreja, de lá do seu isolamento. Agostinho, Tomás de Aquino, Teresa de Ávila, João da Cruz, Catarina de Sena, Thomas Merton levaram vida monástica e contemplativa. Enriqueceram a Igreja com pensamentos profundos. Milhares pregaram desde o seu silêncio. Também nas outras religiões, figuras ímpares deram sua contribuição ao mundo, sem sair pelas ruas ou enfrentar aulas magnas de universidades.

***

Mas havia os outros: os místicos engajados no social. Não há contradição entre ser político, exercer pastoral de rua e ter vida mística. Não se vive a mística cristã apenas no silêncio de um mosteiro. Lembram os biógrafos do Padre Dehon que ele tinha forte pendor para a contemplação, o que se pode depreender dos seus escritos. Leão Dehon era um adorador. Orava! E não orava pouco! Ressaltam ainda os biógrafos que, de sacerdote diocesano, optou pela vida de sacerdote congregado e religioso para achar mais tempo para a vida interior. As regras da vida religiosa facilitam as práticas devocionais. Isto o atraía.

Continuou o ativista social que era e conseguiu conciliar uma intensa atividade pastoral com uma intensa vida interior. Seus livros *A vida interior, O retiro do Sagrado Coração, Mês de Maria, Sobre as ladainhas da Virgem Santa, Vida de amor para com o Sagrado Coração, Coroas de amor ao Sagrado Coração, O coração sacerdotal de Jesus*, e outros, revelam o seu cuidado em dar aos fiéis uma profunda intimidade com Jesus, ao mesmo tempo que todos deveriam viver a solidariedade e a preocupação com o social e o político. Críticos sustentam que não inovou. Apenas registrou nos seus livros a ascese da época. Mas ninguém disse que para ser místico é preciso ser original! Tem mais é que assimilar! Escritores de catecismo também não são originais. Mas seu jeito de dizer faz a diferença! Foi o que sucedeu com o Padre Dehon. O homem apaixonado pelo Coração do Cristo encontrava, nesta paixão, o amor pelo coração do povo. Se não foi original, foi coerente. Ele realmente vivia essas dimensões.

Leão Dehon e o coração de Jesus

No tempo do Padre Dehon havia um forte acento na devoção ao Coração de Jesus, como há hoje no Brasil o acento no Espírito Santo de Deus. Os irmãos da Renovação Carismática Católica – RCC adotaram o acento em Pentecostes. Falam de Cultura de Pentecostes. Você que me lê talvez venha dessa corrente de espiritualidade. Católicos que acentuam a Terceira Pessoa do Deus, que é Uno e Trino, voltam seus olhos e seu sentir para o Deus único que se manifestou como Espírito Santo.

Católicos que voltam seu coração para o Sagrado Coração voltam seu sentir e seu pensar para o Deus único que se manifestou em Jesus Cristo, crucificado e ressuscitado. Lembram o seu coração imolado e traspassado por nós. É a cultura da Redenção. Mas trata-se do mesmo Deus porque Deus é um só.

Os enfoques e acentos não deveriam nos separar. Pelo contrário, deveriam nos aproximar com maior profundidade.

Os irmãos da RCC se consideram carismáticos porque tocados pelo Espírito Santo – o mesmo Espírito Santo que tocou Francisco e os franciscanos, Bento e os beneditinos, Clara e as clarissas, Domingos e os dominicanos, Inácio de Loyola e os jesuítas, e os fundadores dos Claretianos, dos e das Carmelitas, Redentoristas, Dehonianos, Paulinos, Vicentinos, Palotinos e centenas de carismáticos de outras expressões que assumiram sua mística. Somos todos carismáticos, embora nossos enfoques e nosso modo de orar não sejam sempre os mesmos. No caso do Padre Dehon, seu coração voltou-se para o Filho e no filho para o coração do Filho, vale dizer: na sua *kenosis*. "Eis o coração que tanto nos amou." "Procuram-se corações iguais ao dele!"

***

É impossível falar de Leão João Dehon sem lembrar o Coração de Jesus. Sua vida se norteou inteiramente pelo Sagrado Coração de Jesus. A frase final de sua vida, "Por Ele vivi, por Ele morro!", foi a melhor tradução da sua trajetória. Justificaria um livro inteiro com este título. João Leão Dehon não fez outra coisa que anunciar o exigente, meigo e sereno Coração de Jesus. Nunca seremos como ele, mas é nele que devemos nos espelhar!

A leitura de alguns trechos de seus livros poderia até dar a parecer que havia pieguice na sua devoção. Mas foram trechos e momentos. Num todo, sua pregação era a de amor exigente, severidade carinhosa, ternura que educa. "Mãos à obra", "audácia e confiança" eram expressões que ele gostava de usar. Vinham da sua fé na misericórdia do Coração de Jesus, que supriria o que faltasse, mas algo teria de ser feito. A ideia de reparação não é a de apenas orar: supõe ação. Ele ensinava uma devoção engajada. Propunha corações que agissem e interagissem.

Os próprios protestantes confessaram que, na Idade Média, só o papado impediu o reinado da mais horrenda barbárie, opondo--se à tirania dos príncipes.[8]

O Direito Canônico aboliu a condenação à pena de morte e proscreveu todas as penas que

> "Mãos à obra", "audácia e confiança" eram expressões que ele gostava de usar. Vinham da sua fé na misericórdia do Coração de Jesus, que supriria o que faltasse, mas algo teria de ser feito.

tinham como efeito humilhar e ultrajar a dignidade humana. O suplício da cruz foi abolido, bem como o ferrete, porque a Igreja proíbe desfigurar a imagem de Deus. Muitas vezes contentou-se em mandar o culpado fazer penitência num convento (RSC, pp. 253-254).

O laicismo não é apenas uma tática. É uma doutrina. Ele põe o homem no lugar de Deus (RSC, p. 259).

O povo ainda não foi conquistado, mas ele observa e admira. O povo acredita, de boa-fé, que o clero se entregaria ao capitalismo. Ele ainda hesita, teme uma decepção.

Pio XI disse: "É preciso que a Igreja e o povo se encontrem, isso será a aurora de belos séculos". Leão XIII disse: "O coração de Deus se inclina, de preferência, para as classes infelizes; ele convida os que sofrem a vir até ele para consolá-los; ele abraça, com a caridade mais terna, os pequenos e os oprimidos; esta doutrina aplacará o orgulho dos grandes e reanimará a coragem dos pequenos; a paz se construirá no amor fraterno" (RSC, p. 262).

---

[8] A esse respeito ver: SISMONDI, Jean de Muller e Leibniz (*Renovação Social Cristã*, p. 242).

Capítulo 13

AMAR ÀS VEZES DÓI

Um coração para amar

Missionário e mártir por aspiração, dizia ele, um pouco antes de morrer: "Desejei, na minha juventude, ser missionário e mártir". E acrescentava que missionário ele era, através dos cem padres espalhados pelo mundo; mártir ele se tornara pelas cruzes sofridas desde o *consummatum est*. Em muitos sentidos tornara-se um padre proibido e vetado. E concluía: "Jesus aceitou o meu voto de vítima". A eliminação do seu nome entre os candidatos à beatificação cabe dentro dessas cruzes. No céu, ele não sofre mais com isso, mas a verdade é que para ele nunca foi fácil, nem continua sendo, ter falado como falou. Como ninguém, sabia ele das consequências de ser um pregador que opina!

Ao país dos meus sonhos

Sem ladrões a nos tirarem os frutos do nosso suor
Sem ladrões a desviarem os bens que meu povo juntou
Sem bandidos e assassinos pondo em risco as nossas vidas
É o país dos meus sonhos
É o meu país libertado
Este é o meu país resgatado que eu sonho rever.

Já fomos bem mais fraternos
E mais vizinhos e amigos
E muito mais solidários
Já não somos o mesmo país.

Quero de volta o país dos meus sonhos
Muito mais cheio de rostos risonhos
De volta o país solidário
Que eu conheci em criança.

De volta o país da esperança
De vizinhos que se conheciam
De vizinhos que se reuniam
De vizinhos que se protegiam.

(Pe. Zezinho, scj)

O sofrido voto de vítima

Falar do Padre Dehon sem lembrar o seu sofrido voto de vítima é omitir uma das vigas de sustentação do seu castelo interior. Seu mover pessoal deslizava sobre os trilhos do amar o Cristo,

> Seu mover pessoal deslizava sobre os trilhos do amar o Cristo, do amar com Cristo, do sofrer com Cristo e da renúncia em favor dos outros.

do amar com Cristo, do sofrer com Cristo e da renúncia em favor dos outros. Vinham acoplados. *Um coração para amar, um corpo para, se preciso, sofrer e uma vontade para ofertar em libação.* Poderia também ser resumido como "amar em Cristo, assumir qualquer dor que me atinja, pensar primeiro nos outros".

Os grandes santos, todos eles, em palavras outras, viveram este chamado: *em Cristo, com Cristo, por Cristo, no outro, com o outro, pelo outro.* Dizem de Padre Dehon que ele fez este voto: "Sofreria o que fosse necessário pelo Reino de Deus". Se alguém tivesse que sofrer, que fosse ele! O martírio, quando viesse, seria bem-vindo. Mas é claro que ele entendia este sofrer, não na perspectiva de autoflagelação ou mutilação histérica e, sim, de não fugir das cruzes, deixando os outros para trás. Por isso, diria ele num de seus escritos: "Jesus não se crucificou: deixou-se crucificar!". Em outras palavras: Jesus não procurou a cruz, mas não fugiu quando alguém a pôs nos seus ombros.

Um corpo que o fez sofrer

Para quem, ainda jovem sacerdote, tivera um problema pulmonar a ponto de escarrar sangue, e de quem, tão frágil que era, as piedosas paroquianas de Saint Quentin achavam que não iria longe, o atarefado Leão Dehon viveu muito. Chegou aos 82 anos. Mas nunca teve uma saúde de ferro, o que não o impediu de viver a fé com intensidade.

Vontade pronta para o martírio

Já falamos de alguns limites do Padre Dehon – e que santo não os teve? –, mas ficou claro, não poucas vezes, que os adversários passaram do limite. Se houve um Dom Thibaudier que se mostrou amigo e respeitador, e viu nele um homem de Igreja, houve também um Dom Duval que, precipitado em seus julgamentos, negou ao seu padre a chance de explicar-se.

O episódio é doloroso e mostra que, se erram alguns profetas, também erram alguns apóstolos. Quem aborda estes fatos com clareza e serenidade é o culto e profundo Padre Yves Ledure, no seu livro *Leão Dehon*. No sexto capítulo, "Tribulações", revela nos subtítulos: "Decisões episcopais apressadas; Desconfiança das autoridades diocesanas; Um passo em falso do bispo", a hostilidade de alguns contra a profecia do Padre Dehon.

***

A paz inquieta do Padre que denunciava uma Igreja acomodada, seguramente pesou na hora em que apareceram brechas na sua pregação e nas obras que tocava. Ninguém anuncia ou denuncia impunemente. Aquele que deseja mudar alguma coisa no mundo esteja pronto para o martírio. Ele estava. Atribuíram a ele coisas que não fez e intenções que não tinha. Virou saco de pancadaria. Para alguns eclesiásticos, o que Padre Dehon sonhava e fazia não tinha apenas algumas rachaduras a serem reparadas: nada prestava! A intenção era silenciá-lo e tirá-lo de circulação. Quase conseguiram. Com a saída de Dom Thibaudier de Soissons para Cambrai, a sede ficou vaga. Ele ainda a administrava, mas deixou-a aos cuidados de alguns sacerdotes. Aí aparecem os personagens Pe. Mignot, Pe. Cardon e o novo bispo Dom Duval. A ideia era amordaçar e desmerecer o Padre. Conseguiram.

Bispos também se enganam

Negar sinceridade a Dom Thibaudier e a Dom Duval, que o sucederia, seria injusto. Sobretudo o último agiu em função do que ouviu. E o que os dois ouviram não era nada positivo. Se Dehon já era famoso na Igreja da França, em Saint Quentin ele veria "com quantos paus se faz uma canoa". As fofocas foram tantas que Dom Thibaudier, longe da diocese, o tirou de ação no Colégio São João, entregando a direção a um tal Pe. Mercier, que pouco entendia de educação. Padre Dehon foi afastado do colégio. Teria que viver fora daquela casa. As acusações prosseguiam. Sua novel congregação deveria ser agregada a outro instituto, dirigido por outro sacerdote. Ele não estava moralmente à altura de tal instituição. Padre Dehon, obediente como sempre, procurou esta fusão, mas nem os padres de Betharram nem os padres do Espírito Santo aceitaram a fusão. Entenderam que o projeto do Padre Dehon era diferente. Não seria bom nem para eles nem para o Padre Dehon.

∗∗∗

Dom Duval, assim que assumiu a diocese, enviou a Roma a sugestão de o Vaticano não assumir a congregação fundada pelo Padre Dehon, porque era cheia de fragilidades e não parecia com suficiente vitalidade para sair dos limites da diocese. Enganou-se, mas tinha o direito de assim pensar. Do outro lado, porém, havia 40 outros bispos que escreveram cartas aprovando a obra. Mas 220 religiosos, dos quais 70 sacerdotes em 10 comunidades, não foram suficientes para convencer Dom Duval. O Pe. Mignot, que fora adversário do Padre Dehon, e agora era bispo de Frèjus, não era mais contra, mas ainda assim achava que a obra deveria esperar.

Massacre total

O que tanto se falava contra o padre? Não se sabe de quem veio a calúnia, mas foi muito bem urdida. Chegou ao bispo a notícia de que o Padre Dehon tinha conduta inconveniente com alunos do Colégio São João. O bispo não quis ouvir mais nada. Simplesmente o exilou do colégio. Até hoje há quem queira acreditar nesta e em outras acusações.

Denegrido e silenciado, ele carregaria esta cruz pela vida afora. Tal tipo de aleivosia marca toda uma vida, porque há sempre aqueles que gostariam que aquilo fosse verdade. Mesmo não o sendo, é arma letal. Arrasa com 30 ou 40 anos de vida. Não é por menos que entre os dez mandamentos incluem-se o respeito ao nome de Deus e ao nome do próximo. Não deixa de ser uma forma de assassinato (Ex 20,7.16). O triste é quando religiosos a isso recorrem para ver destruído quem lhes faz alguma sombra... Dehon foi aconselhado a ir para a Holanda ou para a América.

***

As agressões não param na calúnia. Um tal de Pe. Blancal trama para tirar o Padre Dehon do cargo de superior da congregação. Outro, Pe. Delgoffe, escreve ao bispo chamando Padre Dehon de nefasto e que espera que ele desapareça da diocese. Padre Dehon torna-se *persona non grata* na diocese de Soissons, principalmente em Saint Quentin.

O exílio duraria anos. Para alguns, nunca houve reconciliação. Queriam o silêncio total do Padre. Outros admitiram que Padre Dehon não merecia aquelas cruzes. Ele? Aceitou, foi embora e calou-se. Deus viu, Deus sabia! Calar? Não caliaria! Prosseguiria na pregação que tanto incomodava certo tipo de católico e certa linha clerical.

O coração do mundo estava contaminado pela injustiça, pela ganância, pelo desprezo e pelo abandono. Era este coração que precisaria ser atingido. Bem o lembrara Jesus: "O que sai da boca procede do coração, e isso contamina o homem" (Mt 15,18). Jesus propôs o seu próprio coração como modelo: "Tomai sobre vós o meu jugo, e aprendei de mim, que sou manso e humilde de coração; e encontrareis descanso para as vossas almas" (Mt 11,29).

Capítulo 14

O PADRE DA PAZ INQUIETA

Paz inquieta

"Seu padre fundador nunca foi santo", disse-me um sacerdote crítico acérrimo da Teologia da Libertação e dos pregadores de doutrina social. E prosseguiu, tentando me atingir, por conta da minha canção: "Esta sua tal de paz inquieta é pretexto para pregar o esquerdismo. Eu prefiro a paz solidária e serena".

***

Foi soco no fígado. Pedi a ele que explicasse o que entendia por paz serena e solidária e eu lhe explicaria o que entendo por paz inquieta. Não se fez de rogado. Inteligente, expôs de maneira acadêmica o que entendia por paz. Doutor em três matérias, era bonito ouvi-lo. Falava contra mim, mas eu gostei. Irmão adversário dos bons, ele respirava a visão conservadora da fé católica: "Padre fala de Deus e de esperança e não joga ninguém contra ninguém! Todo mundo é filho de Deus! Diálogo, sim, mas depende de que diálogo, com que interlocutor e com que finalidade, porque o diálogo político é jogo de cartas marcadas! A esquerda ateia jamais se converte. Isso de pregar paz inquieta é cutucar o tigre com vara curta...".

Os presentes esperaram por minha resposta. Eu citara o Padre Dehon como um dos pioneiros da Doutrina Social Católica. Ele, o velho cônego, discordava de João XXIII, de Paulo VI e do Concílio Vaticano II. Pio XII era melhor! Pio IX, melhor ainda! Achei prudente não "cutucar" mais este "tigre com vara curta". Quando ele me deu chance de falar, disse-lhe eu que não tinha tanta sabedoria para enfrentá-lo. Ele tinha três doutorados na Europa e eu, apenas um bacharelado em Washington. Pedi licença para resumir o que entendo por paz inquieta. E disse: "Quero para os outros aquilo que tenho. Tenho um quarto, privacidade, livros, chance de me alimentar bem, água corrente, banheiro, torneiras e chuveiro. Estudei e posso ganhar a vida com meu trabalho. Para os pais e mães de família quero salário digno, estudos para os filhos, hospitais e creches para os pobres, remédios no posto de saúde, médicos de plantão, quero os preços controlados, os bancos controlados, os sindicatos em diálogo e sem excessos, os partidos cuidando de seus eleitos, mais eleições livres, e quero os direitos humanos respeitados. Não quero grevistas armados incendiando trens e ônibus, mas aceito que marchem pela rua em protesto. Não quero ocupação de fazendas com mortes e destruição, mas entendo que devem acampar às margens das rodovias para chamar a atenção das autoridades para aquelas terras. Não quero ditaduras de direita, nem de esquerda. Quero mais democracia. Quero as Igrejas em diálogo e servindo, juntas, os pobres da cidade. Chamo a isso de 'paz inquieta'".

E disse ele: "Mas isso é paz serena e solidária!". E disse eu: "Então três palavras e três doutorados nos separaram!".

Resumindo Leão Dehon...

Se alguém me pedisse para resumir em duas palavras o legado de Leão Dehon, eu as diria: "PAZ INQUIETA".

Depois, pediria para acrescentar outras expressões ligadas ao conceito de paz que Leão Dehon ensinava:

Ir ao Povo e anunciar-lhe a compaixão e a misericórdia do Coração de Jesus. Mostrar-lhe seus direitos e deveres. Caminhar com ele, saber o que ele sofre, porque sofre e como sofre. Ensinar a doutrina social. Descrucificar os crucificados. Essencializar a fé. Influenciar os centros de poder. Propor conversão pessoal e conversão coletiva. Piedade engajada. Adorar o Sumo Bem e partilhar os próprios bens. Ensinar moral e conversão social, além de moral e conversão pessoal. Mirar ao indivíduo e à comunidade. Converter os políticos e os donos do dinheiro, da produção, da indústria e do comércio, mas converter também o trabalhador. Promover diálogo entre os sindicatos de patrões e de operários. Todos têm direitos e todos têm deveres. Anunciar-lhes o Reino de Deus, mas, se preciso, denunciar quem impede a sua realização. Denunciar os que se acomodaram e dormiram em serviço, quando deveriam vigiar como pastores e sentinelas. Pregar sem ódio, mas também sem medo, para dentro e para fora dos templos, a tempo e a contratempo. Tirar o púlpito da sacristia e, após o culto, levá-lo às ruas. Arregaçar as mangas e trabalhar para que o Reino de Deus seja mais do que um sonho distante. Se alguém tiver que sofrer, que seja o clero e não o povo de Deus.

Isto Dehon pregou, isto Dehon viveu!

O legado de Leão Dehon

Aos 82 anos, ciente de que em breve morreria, Dehon deixou aos seus companheiros de sonho, os dehonianos, o seu legado. E disse-o, textualmente: "Deixo-lhes o mais precioso tesouro: o Coração de Jesus!". Fácil de compreender! Ele vivera esta mística como sua maior riqueza. Vivera por ele, lutara por ele, enfrentara tudo por crer que, se ao menos os católicos conhecessem a ternura exigente de Jesus, o mundo seria mais solidário, porque haveria mais pessoas de coração novo.

O problema do mundo estava no coração pouco solidário dos que poderiam fazer alguma coisa pelos sofredores ou pelos marginalizados. "Este povo se aproxima de mim com a sua boca e me honra com os seus lábios, mas o seu coração está longe de mim" (Mt 15,8).

***

Assim viu Dehon a França e a Europa do seu tempo. Gritou por escrito e de viva voz que não houve e não há coração mais solidário do que o de Cristo. *Jesus inclui! O mundo exclui! Com tristeza, observava o que se vê ainda hoje: religiosos que excluem quem não ora nem pensa como eles. É visível como alguns segregam e impedem aos outros aquilo que permitem aos seus membros.* Um pregador pode ser até doutor em quatro matérias que não será convidado a falar nos seus microfones e nas suas comunidades, mas qualquer garoto ou mocinha do grupo sem praticamente nenhum estudo pode, porque aderiu...

A dureza de coração começa, às vezes, no templo, como Jesus constatou e fustigou, ao chamar os religiosos do seu tempo de raça de víboras. "Raça de víboras, como podeis vós dizer boas coisas, sendo maus? Pois do que há em abundância no coração, disso fala a boca" (Mt 12,34).

***

O coração de Jesus, manso e humilde, havia sido o seu modelo e sua razão de ser padre. Era esse conceito que ele deixava aos que o seguiriam no ideal de amansar o selvagem coração humano, serenar ou amansar o próprio coração e transformar o coração do mundo.

Hoje, em encíclicas como *Redemptor hominis*, *Dives in misericordia*, *Sollicitudo Rei Socialis*, de João Paulo II, *Deus Caritas est*, de Bento XVI, documentos como a *Declaração de Puebla* (1979) e o *Documento de Aparecida* (2007), o apelo é o mesmo: mansos e humildes de coração, corações atentos, solidários, fraternos, capazes de ouvir, prontos para incluir os outros e para partilhar, dispostos a se converter.

"Não haverá libertação das nações sem que primeiro se amansem os corações! O mundo é muito irado! Conheçam o coração de Jesus!", dizia Leão Dehon!

Dizem nossos bispos...

Documento de Aparecida, n. 399:

1) Assumimos com nova força a opção pelos pobres.
2) Manifestamos que todo processo evangelizador envolve a promoção humana e a autêntica libertação, sem a qual não é possível uma ordem justa na sociedade.
3) Entendemos, além disso, que a verdadeira promoção humana não pode reduzir-se a aspectos particulares. Deve ser integral, isto é, promover todos os homens e o homem todo.
4) Partir da vida nova em Cristo que transforma a pessoa de tal maneira que "a faz sujeito de seu próprio desenvolvimento".
5) Para a Igreja, o serviço da caridade, assim como o anúncio da Palavra e a celebração dos sacramentos, "é expressão irrenunciável da própria essência".

À medida que leio tais documentos e declarações lembro, passagem por passagem, os livros e as conferências do fundador da Congregação da qual faço parte. Vivesse ele hoje, estaria vibrando em perfeita consonância com os bispos de agora, como vibrou em consonância com Leão XIII. Sim, sua Igreja abraçou o social *como expressão irrenunciável de sua própria essência!* Era tudo o que ele queria!

Seu líder não será canonizado...

Ao ver o crucifixo que eu porto como sinal de amor àquele que morreu por todos, disse-me, irônica e duramente, um senhor que discorda da nossa pregação social, pregação que ele retém como demasiadamente política: "Parece que seu líder não será canonizado porque foi político demais!".

Padre Dehon conheceu estes irmãos de espiritualidade radicalmente salvacionista e personalista. Acham que quem prega sobre temas sociais e políticos não é nem santo nem ungido. Quando um deles peca ou se desvia, silenciam. Não é notícia. Quando é um dos nossos, vociferam e rugem. O que Padre Dehon viu no seu tempo, vemos hoje, com frequência, na mídia moderna. Percebi aonde ele queria chegar. Repliquei: "Você tem razão. Por enquanto, nem canonizado, nem beatificado! Houve protestos e a Igreja, por voz do Papa, julgou prudente 'remandar' a questão para o futuro. O ecumenismo hoje traz algumas exigências que ontem não se reivindicavam, ou não eram levadas em conta".

E ele: "Política e santidade raramente caminham juntas". Retruquei: "O amigo deve ler mais a História da Igreja! A Igreja canonizou João Crisóstomo, Ambrósio, Thomas Becket, Thomas Morus, São Luiz, rei da França, e centenas de outros que pregaram, fizeram política e apostaram nessa catequese. Entre eles há muitos papas".

E prossegui: "Além disso, a Igreja propõe que nos dediquemos a mudar nossos países. Isto se faz pela política e não pelas armas. Nossa Igreja não proporia tais caminhos, se não fossem caminhos de santidade. Desvios há entre os ativistas espirituais politicamente não engajados e entre os ativistas espirituais socialmente engajados".

***

A conversa terminou ali. Ele é da linha de católicos que discordam de quem aposta em mudar as leis do seu país em favor dos mais sofridos. Igreja e democracia para eles não são um binômio natural. Se não eram no tempo dos reis e imperadores, agora é. Estranho, hoje, é um católico que apoie ditaduras de direita ou de esquerda, ou se omita sobre a situação dos pobres e dos feridos pela injustiça. Com tantos documentos da Igreja pedindo que os católicos se envolvam e se comprometam, soa estranho que alguém ainda não veja santidade na luta por melhorias e por mais direitos humanos.

***

Padre Dehon permanecerá exemplo para poucos que ouviram falar dele, mas, para nós, ele viveu uma santidade engajada, pró-democracia, pró-libertação, pró-justiça e paz. É o quanto me basta para sustentar, em sinais e palavras, o título de "sacerdote católico dehoniano" onde quer que eu vá.

A cruz sem coração

Minha cruz de traços suavizados, onde já não há mais um coração, continua falando dele. Aquele "Coração" está hoje onde se sofre, onde se busca a solidariedade e onde dois ou três se reúnem no seu nome, não apenas para cantar e orar, mas também para pensar, servir, repensar a nossa sociedade e, se preciso, marchar com as mães para exigir uma passarela diante da escola onde uma criança acabou de ser atropelada. Meu catecismo é sociopolítico e místico-religioso. É feito do verbo ir. Deixarei de ir quando o corpo já não me levar. Neste caso, como fez o Padre Dehon, irei em espírito. O verbo, contudo, é ir!

Se ao fim deste livro, leitura meditada e repensada, você, ainda jovem, mas cheio de sonhos concretos, achar que é este o seu chamado, venha conosco! Melhor dizendo, "Venha com Leão Dehon". Pode ter certeza de que, se for ao povo, caminhará com Jesus que, segundo Mateus, mostrou quando e como é que alguém se torna santo: "Em verdade vos digo que, quando o fizestes a um destes meus pequeninos irmãos, a mim o fizestes" (Mt 25,40).

APÊNDICE

APRENDI COM LEÃO DEHON

Aprendi com o Padre Leão João Dehon, advogado, sociólogo, jornalista, comunicador e fundador da hoje conhecida Congregação dos Padres do Sagrado Coração de Jesus, que todo aquele que prega mudanças políticas e sociais para o seu povo vai sofrer críticas e represálias, a começar pelo clero, para quem a situação for favorável, ou para quem uma política de oposição possa trazer algum desconforto.

Imaginar-se marchando ao lado do desempregado, do pequeno proprietário e do patrão que não consegue levar sua firma adiante, porque as leis do governo são proibitivas e os impostos, pesados e cruéis; imaginar-se na rua, lutando com o povo por mais asfalto, mais creches, por uma passarela, mais esgoto e mais luz; imaginar-se lutando contra os traficantes, contra os grupos armados, contra os juros altíssimos; imaginar-se lutando por mais hospitais e mais postos de saúde, é imaginar-se de Evangelho, e não de armas nas mãos. Quem tem as armas são os que nos oprimem. Nós só temos a Palavra de Deus e as lágrimas do povo.

Padre Dehon queria seus padres fora da sacristia e sabendo o que o povo ganha, o que ele come, o quanto lhe falta para completar o mês, o que lhe acontece quando vai ao posto de saúde ou quando não paga o aluguel da casa. A Igreja anunciou sua beatificação e depois optou por adiá-la. Houve protestos de quem se sentiu atingido por sua comunicação contundente, em dias contundentes. Outros santos

203

do passado disseram coisas ainda mais contundentes, mas não houve protestos contra eles. Eram outros tempos, ou o que disseram não chamou a atenção dos ofendidos. Nós, que lemos tudo o que Padre Dehon escreveu, sabemos o que ele realmente pensava sobre o povo judeu. Mas aceitamos a decisão da Igreja. Não há santos perfeitos. Fazem o que sabem e, mesmo com os olhos no céu, são frutos do seu tempo.

Jesus diz que no céu só entra quem acolheu os que sofriam (Mt 25,31-46). Os padres do Sagrado Coração de Jesus (SCJ), também chamados *padres dehonianos*, pregam diálogo, reparação, compaixão, justiça e paz e dão destaque às encíclicas sociais de todos os papas. Foi o que o Papa Leão XIII pediu ao Beato Dehon: "Que seus padres divulguem as minhas encíclicas!".

> Desde o começo somos padres de altar e de escadaria de Igreja. Pregamos para dentro e para fora! E se o fiel não vem a nós, nós vamos a ele!

Estamos orando para que todos os sacerdotes e leigos dehonianos consigam esta coragem e esta visão! Não foi fácil para Leão Dehon, não o será para nenhum de nós. Ir ao povo é mais do que uma canção: é desafio de uma vida!

Por que dehonianos?

Ao jovem que me perguntou por que os adjetivos e as siglas após o meu apelido, expliquei o nome e os adjetivos. Uso-os de maneira consciente, da mesma forma que uso no peito a cruz hoje conhecida como "cruz dehoniana".

***

Padre porque fui chamado a ser pai espiritual e para isso ordenado sacerdote católico. Os evangélicos chamam a seus pregadores de pastores e sentem-se ovelhas com pastor; nome que também se dá há séculos aos padres católicos em alguns países europeus. Mas, entre nós de língua latina, a mística de filiação espiritual e paternidade vem de longe. Nós a mantemos.

Zezinho porque me deram este apelido por eu ser, na época, um sacerdote muito jovem no meio dos jovens. Aliás, entre nós há Paulinhos, Joãozinhos, Luizinhos, Pedrinhos, Toninhos e Carlinhos. Não escolhemos estes diminutivos. Aceitamos porque vemos nisso um jeito de diminuir para que o povo cresça e chegue mais perto de nós. Não deixa de ser um ensaio de *kenosis*.

Entendi que o diminutivo poderia me ajudar a não querer ser mais do que os outros. Não sei se consegui, mas tenho evitado ao máximo honrarias, primeiros lugares, títulos, riquezas e busca de fama. A teologia da pequenez me fascina. Tamanho de quarto, de escritório, e sempre que possível espaço e coisas menores me ajudam a entender a mística da pequenez, que, diga-se de passagem, é mais fácil de falar do que de viver. Maria é o modelo; era grande porque sabia ser pequena. Assim, a maioria dos santos.

SCJ porque busco o carisma da misericórdia, da abertura, da reparação e do diálogo contido na adoração a Jesus, seu coração como símbolo.

***

Disse mais ao jovem que me entrevistava. Disse que a proposta era a do diálogo, do anúncio do Reino do Coração de Jesus e da busca de homens e mulheres de coração renovado e reparador. Não ficamos perguntando quem quebrou. Vamos lá e tentamos reparar os vasos estilhaçados, vidas truncadas, amarfanhadas e deformadas. A nosso modo, somos apertadores de parafuso. Firmamos o que se soltou. A nosso modo, somos consertadores: reparamos o que precisa de conserto. Para consertar uma casa não é preciso um instrumento do tamanho da casa: pequenos serrotes, minúsculas serras, martelos, torqueses e pregos utilizados com competência podem reparar um edifício em ruínas.

Ir ao povo é nossa mística; caminhar com ele, saber o que o machuca, porque o machuca e como o machuca, e buscar respostas concretas no céu e na terra. Um dehoniano, embora não se filie a partidos e ideologias, não foge da política. Ele a enfrenta, discordando no que é preciso e concordando no que é possível. Leão Dehon não era a favor do socialismo e do comunismo que nascia, não apoiava o marxismo, não via com bons olhos o anarquismo. Tinha uma visão cristã de Estado, de Política, de Direito e Deveres do trabalhador e dos patrões. Por isso atuou como conselheiro de sindicatos de patrões e de operários e buscou evangelizar as fábricas e o mundo do trabalho.

Enfrentou a questão que mete medo a muitos pregadores: a questão social que tanto mal-estar causava ao trabalhador e à sua família. *Buscou a justiça do trabalho e o trabalho com justiça.*

Ser dehoniano é ser desapegado dos bens deste mundo; é não investir demais no próprio conforto; é ajudar e disponibilizar os bens que temos; é saber quando atingimos o suficiente; é não querer amontoar nem acumular bens; é não perseguir a fama e a glória; é manter serenidade e simplicidade; é buscar cultura sem ser esnobe; é não cortejar os primeiros lugares; é aceitar ser segundo ou terceiro, ou vigésimo; é não aderir à teologia do eleito e do vencedor; é satisfazer-se com pouco para si e querer o mínimo necessário para os outros; é lutar pela democracia; é opor-se a qualquer ditadura; é formar o povo para a fé e para a política; é não ter amigos apenas entre os ricos e famosos; é gostar dos simples e dos pobres; é prepará-los para crescer como pessoas que vivam do próprio trabalho; é não excluir ninguém; é saber incluir quem mais precisa de inclusão; é denunciar os juros extorsivos dos bancos; é jamais cobrar caro pelo próprio talento; é apoiar governos justos e enfrentar os injustos; é participar da formação de sacerdotes cultos e simples; é cultivar a cordialidade sem perder a capacidade de exigir; é ter os olhos abertos para a realidade; é combater fanatismos e devoções alienadas ou alienantes; é crer na vidência, mas questionar os videntes demasiadamente evidentes; é repercutir os documentos da Igreja sem omitir os de cunho social e político; é primar pela fidelidade à doutrina católica; é voltar atrás se a Igreja o pedir; é ter um coração sempre disposto a amar e a aprender a amar melhor, ter um corpo pronto ao martírio e uma vontade pronta para a renúncia.

Ser dehoniano é querer viver em Cristo, por Cristo e com Cristo, cujo coração é nosso modelo, e no povo, com o povo e pelo povo, cujo bem-estar social, moral e espiritual é nosso projeto.

Foi o que eu lhe disse. Se ele aceitou, não sei. Sei apenas que balançou a cabeça e disse: "Proposta exigente! Mas deve valer à pena, porque vejo alguns de vocês sempre disponíveis e sem medo de dizer o que pensam".

Pedi que orasse por nós, porque uma coisa é declarar-se cristão, católico romano e dehoniano, e outra é viver estas místicas. Ao Padre Dehon custou muito caro a sua opção pela vida de reparação. Aos dehonianos mais comprometidos, também. Não convidamos os jovens a nos aplaudirem o tempo todo nem a virem conosco porque é fácil. Convidamos, porque alguns jovens têm essa generosidade de pensar pouco em si e no seu conforto e de viver com e pelos outros. Nossa esperança é a de que um dia tenham o que já temos: a paz inquieta que vem do Coração de Jesus, paz que consiste em viver mais para os outros do que para nós mesmos.

Ao profeta Leão Dehon

Caro Padre Dehon,

Lá onde estás, ora conosco e recebe esta nossa agradecida homenagem./ Discípulos de Cristo e teus companheiros de projeto,/ pregadores da justiça e da paz,/ anunciadores da misericórdia e promotores do diálogo em todos os níveis da sociedade/ continuamos a sonhar o teu sonho de uma sociedade mais justa,/ governada pelo respeito aos direitos do ser humano,/ por quem o Cristo deu a própria vida.

O Coração de Jesus foi a tua razão de viver./ Por Ele viveste e por Ele morreste./ Os direitos da família, das crianças e dos pais,/ dos trabalhadores e dos empresários que oferecem trabalho ao povo/ nortearam as tuas pregações./ Viveste a lutar pela dignidade do trabalho/ que santifica, liberta e aponta/ para o Deus que nunca deixou de trabalhar e de criar.

***

Querias uma sociedade em diálogo permanente, à luz do Evangelho./ Querias políticas justas e cristãos a defender e a propor leis justas./ Querias o clero no meio do povo,/ conhecedor de seus sonhos e das suas dores;/ religiosos cordiais e capazes de compaixão e de martírio.

***

Hoje, que vemos em nossas casas a tua imagem de homem que pensava além do seu tempo/ e apostava numa sociedade mais justa e mais livre, somos gratos pelo teu legado. Não tinhas medo de profetizar em favor do povo mesmo que isso te custasse enormes sofrimentos e incompreensões.

***

Que o povo a quem servimos/ nos veja como religiosos e padres do Coração de Jesus,/ profetas do amor e da reparação,/ homens de coração e de cabeça aberta,/ corações acolhedores e pregadores incansáveis do diálogo e da misericórdia!

***

Lá, onde estás, no Coração do Cristo e no seu mistério,/ ora por nós a quem o povo chama de dehonianos./ Deixaste-nos a herança do amor ao Coração de Jesus como a tua maior riqueza./ Que nós, bispos, padres, irmãos, seminaristas e leigos/ que bebemos de tuas ideias,/ sejamos dignos desta herança./ Oramos a Deus por termos a ti como nosso formador e mestre./ Pedimos a ti que ores pelos teus irmãos e confrades de agora,/ para que continuemos a pregar a solidariedade, porque o coração do mundo ainda não bate ao compasso do Coração do Cristo!/ Que, a teu exemplo, saibamos viver e morrer por este sonho!

Pe. Zezinho, scj

BIBLIOGRAFIA

ALMEIDA, João Carlos, scj. *Leão Dehon e a educação.* Roma: Studia Dehoniana, 2008.

ARMSTRONG, Karen. *A grande transformação.* São Paulo: Cia. das Letras, 2008.

ATTALI, Jacques. *Os judeus, o dinheiro e o mundo.* São Paulo: Futura, 2008.

_____. *Uma breve história do futuro.* São Paulo: Novo Século, 2008.

AUGIAS, Corrado; PESCE, Mauro. *Inchiesta su Gesù. Chi era l'uomo que há cambiato il mondo.* Milano: Arnoldo Mondadori, 2006.

BENAZZI, Natale. *La chiesa non risponde.* Asti: Piemme, 2004.

DEHON, João Leão. *A Renovação Social Cristã.* Roma: Centro Generale Studi – SCJ, 2001.

DOCUMENTO DE APARECIDA; texto conclusivo da V Conferência Geral do Episcopado Latino-Americano e do Caribe. Brasília/São Paulo: CNBB/Paulinas/Paulus, 2007.

DORRESTEIJN, H. *Vie et personnalitè du P. Dehon.* Roma, 1959.

KANT, Immanuel. *A religião nos limites da razão.* São Paulo: Escala, 2008.

LEDURE, Yves. *Leão Dehon.* São Paulo: Paulinas, 1997.

_____. *Antissemitismo cristiano?* Il caso do Leone Dehon. Bologna: EDB, 2009.

MANZONI, G. *Leone Dehon.* Roma: Dehoniane, 1993.

_____. *Leão Dehon e sua mensagem.* Versão Thomas Antonio Correia, scj. Roma: Centro Studi, 2008.

NOLAN, Albert. *Jesus hoje*; uma espiritualidade de liberdade radical. São Paulo: Paulinas, 2006.

OLIVEIRA, José Fernandes de (Pe. Zezinho, scj). *Por causa de um certo Reino*; história de João Leão Dehon e de sua incrível paz inquieta. São Paulo: Paulinas, 1978.

PALERMO, Gervásio, scj. *Leão Dehon: pioneiro social.* Roma: Dehoniane, 2003.

PILETTI, Nelson; PRAXEDES, Walter. *Dom Helder Câmara: o profeta da paz.* São Paulo: Contexto, 2008.

PROUDHON, Joseph Pierre. *Filosofia da miséria.* São Paulo: Escala. v. I. II.

RATZINGER, Joseph. *Dio e il mondo.* Milano: San Paolo, 2000.

RATZINGER, Joseph; SEEWALD, Peter. *Dio e il mondo.* Milano: Arnoldo Mondadori, 2007.

_____. *Luz do mundo.* São Paulo: Paulinas, 2011.

SUSIN, Luiz Carlos (org.). *Teologia para outro mundo possível.* São Paulo: Paulinas, 2006.

VIEIRA, Padre Antonio. *Sermões.* Porto: Chardron, 1907.

Impresso na gráfica da
Pia Sociedade Filhas de São Paulo
Via Raposo Tavares, km 19,145
05577-300 - São Paulo, SP - Brasil - 2011